Melanie Keppler
Pelze, Tee und vier Babuschkas
Geschichten aus dem Herzen eines sibirischen Dorfes

Melanie Keppler
Pelze, Tee und vier Babuschkas
Geschichten aus dem Herzen eines sibirischen Dorfes

SCM Hänssler

SCM

Stiftung Christliche Medien

Bestell-Nr. 395.236
ISBN 978-3-7751-5236-5

Herausgeber: Theo Volland

© Copyright der deutschen Ausgabe 2010 by
SCM Hänssler im SCM-Verlag GmbH & Co. KG
71088 Holzgerlingen
Internet: www.scm-haenssler.de
E-Mail: info@scm-haenssler.de
Umschlaggestaltung: Jens Vogelsang, Aachen
Titelbild und Seite 186 (Viktor, Tanja, Gemeinde) – Renata Hamm
Seite 16 (Zug) – Annika Schuler
Seite 34 (Ewenki) – Jordan Jonas
Seite 45 (Walkers) – Familie Walker
Alle weiteren Bilder – Melanie Keppler
Karten: Goldjunge // Grafik & Design, Esslingen; www.gold-junge.com
Satz: Breklumer Print-Service, Breklum
Druck und Bindung: CPI – Ebner & Spiegel, Ulm
Printed in Germany

In Liebe

für meine Schwestern

Naemi, Lydia, Damaris und Miriam

Region Krasnojarsk

sibirsk
Kansk
Angara
asnojarsk
Sajan-
gebirge
Angarsk
Jenissei
Irkutsk
Baikalsee

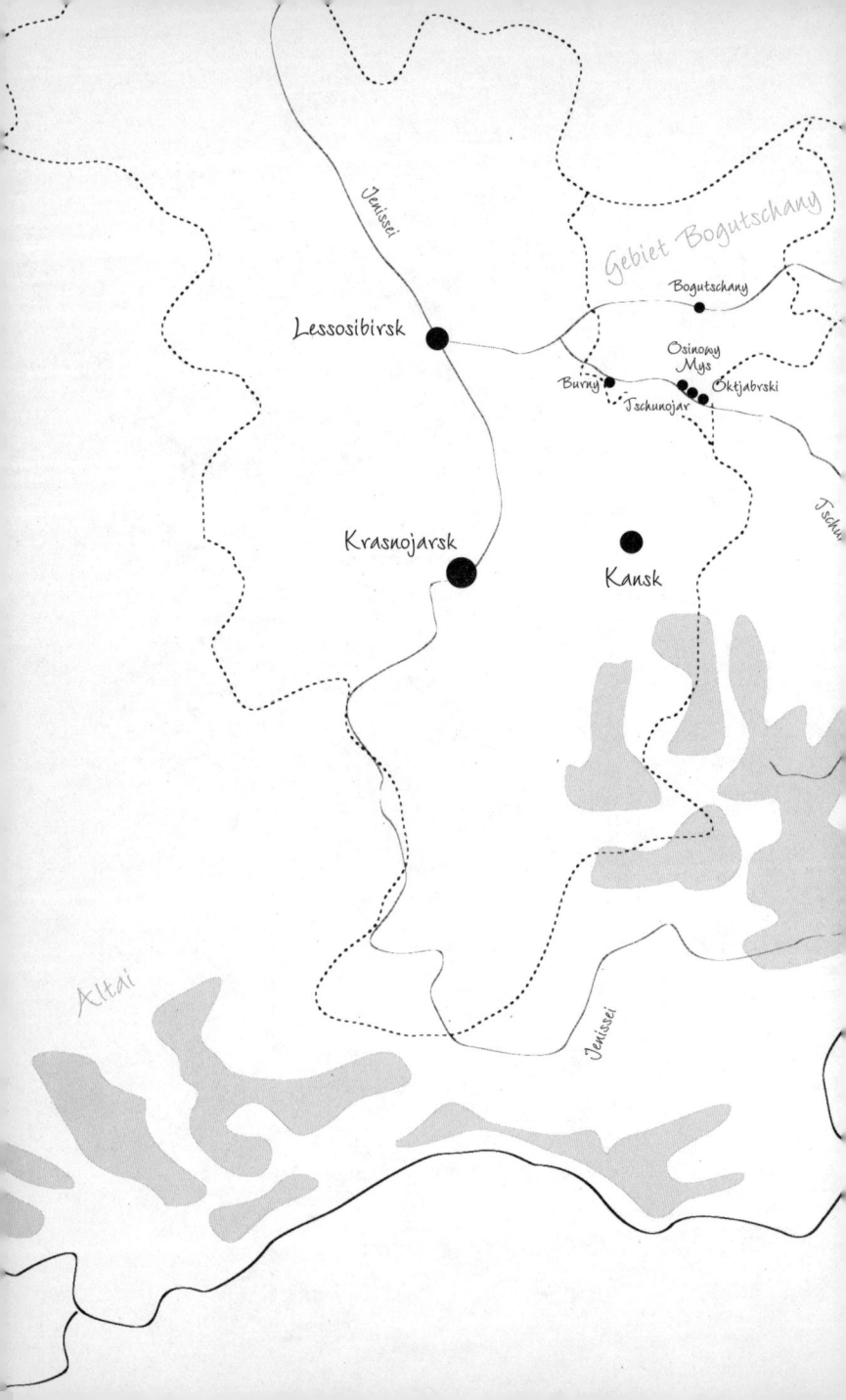

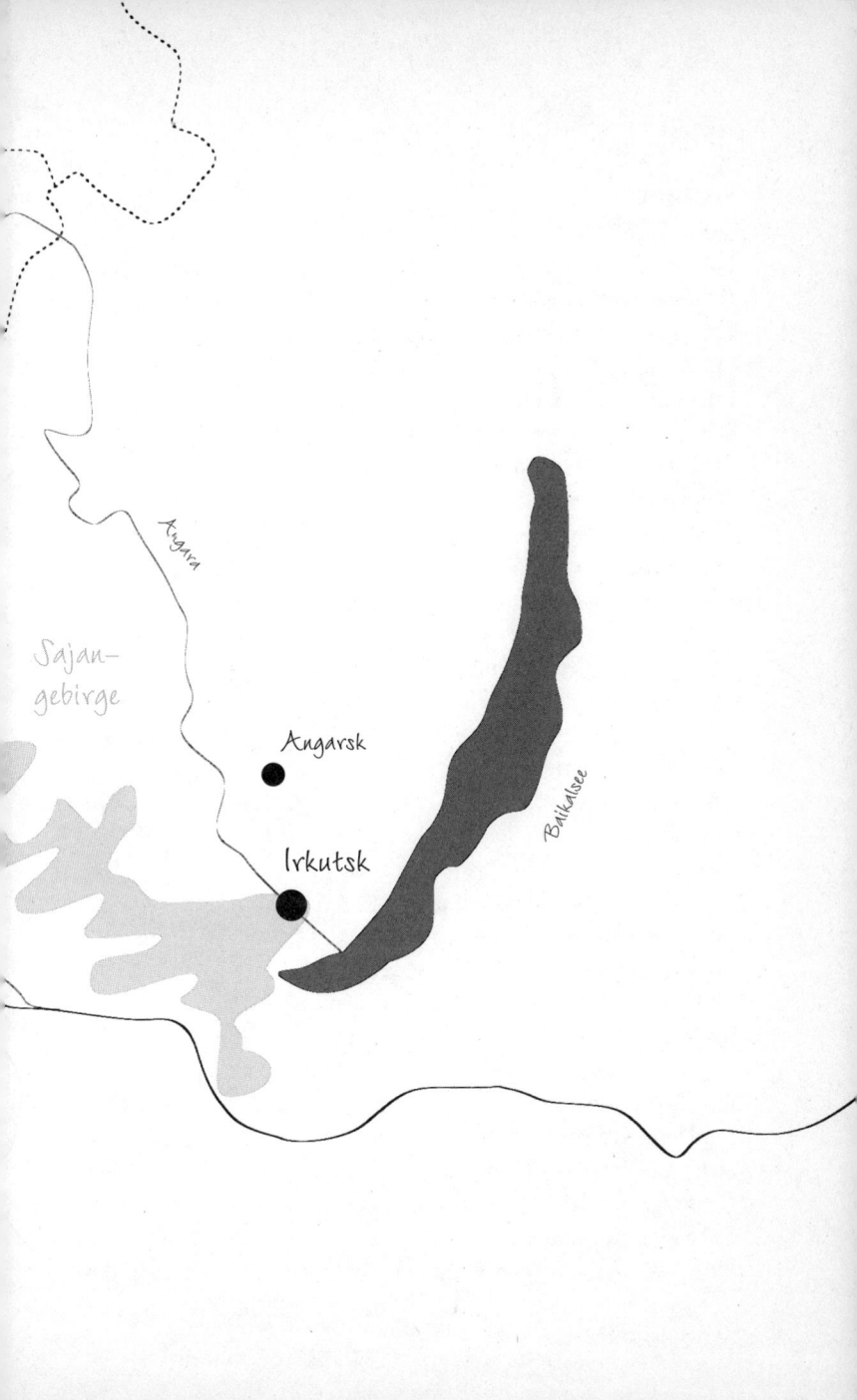

Inhalt

Vorwort

Ich erinnere mich noch genau an den Morgen, als Melanie Keppler (31) das allererste Mal in mein Büro bei der *Deutschen Missionsgemeinschaft* (DMG) hereinstürmt. Wie ein lachender Wirbelwind kommt sie um die Ecke geschneit und erzählt in ihrem impulsiven, etwas unkonventionellen Stil, dass sie als neue Missionarin der DMG in die Weite Sibiriens hinausreisen wird. Sie will den Menschen dort helfen und ihnen die Botschaft von Jesus ans Herz legen. Wie sie darauf gekommen ist? »Nun«, strahlt die hübsche, blonde Lehrerin: »Schon als Teenager wollte ich für Gott nach Russland. Vergangenes Jahr genoss ich einige Monate die Gastfreundschaft der Menschen in einem sibirischen Dorf. Da hat Gott zu mir geredet.«

Dann legt mir die Frau von eher zierlicher Statur erstaunlich überzeugt einen dicken, knallroten Schnellhefter auf den Schreibtisch und lächelt: »Übrigens habe ich dort ein Buch geschrieben, möchten Sie es lesen?« Natürlich will ich, kann ein Redakteur zu so etwas nein sagen? Damals fehlt es dem Manuskript zwar noch etwas an Atmosphäre, aber Melanie Kepplers Reisebericht und ihre Kurzbiografien der Menschen in dem entlegenen sibirischen Dorf *Osinowy Mys* (sprich: Osinowüi Müis) fesseln mich sofort. Mir ist klar, dass diese Berichte etwas ganz Besonderes sind. Später überzeugt sie in ihrer spontanen Art sogar die Leitung der DMG, dass sie nochmals ein paar Wochen in das sibirische Dorf hinaus muss, um dem Buch seinen letzten Schliff zu geben.

Eine Reise, die sich gelohnt hat! Das Endergebnis halten Sie hier in Händen; eine faszinierende Sammlung von Geschichten und Erlebnissen aus dem Herzen Sibiriens. Melanie Keppler entfaltet feinfühlig vor dem inneren Auge des Lesers die Biografie eines ganzen sibirischen Dorfes anhand der bewegenden Schicksale seiner Bewohner. Dabei erzählt sie eindrucksvoll und unterhaltsam, was sich verändert hat, als diese Menschen am anderen Ende der Welt die Frohe Botschaft von Jesus Christus zu hören bekamen. Viel Freude beim Lesen.

Theo Volland, Herausgeber
Redakteur bei der Deutschen Missionsgemeinschaft

60 Jahre

Damit Menschen Gott begegnen …

Endlose Weite

Birken, Birken, nichts als Birken. Die schlanken Bäume sind nur noch silhouettenhaft wahrzunehmen. Der Zug gleitet durch das Dunkel der Nacht – von der Millionenstadt hinaus in die Weite Sibiriens.

Es war noch hell, als die tiefrote Lok mit eckigen Fenstern in den pompösen Bahnhof einfuhr. Mit seinen prunkvollen, dunkelgrünen Kuppeln, spitzen Türmchen, hohen Fenstern und üppigen Stuckverzierungen erinnerte das Bahnhofsgebäude eher an einen Palast mit Laternen, wie aus einem Märchen. Ob der blank polierte Stein der Pfeiler wohl echter Marmor war? In der Sowjetzeit sollte der Bahnhof für Prestige sorgen. Auf dem Dach des Gebäudes prangte mit riesigen Lettern die hellgrüne Leuchtschrift »Krasnojarsk«, nach Nowosibirsk und Omsk die drittgrößte Stadt Sibiriens.

Der Bahnhof von Krasnojarsk

Auf der Anzeigetafel stand 14.40 Uhr als Abfahrtszeit Richtung Karabula. Es ist kurios: Obwohl Krasnojarsk ungefähr 4 100 Kilometer östlich von Moskau liegt, entsprechen die Zeitangaben der Fahrpläne, wie überall in Russland, der Moskauer Zeit. Schließlich ist Russland, das größte Land der Erde, in neun Zeitzonen eingeteilt. Als der Zug pünktlich losfuhr, war es also eigentlich 18.40 Uhr.

Ich ging an den dunkelgrünen und grau-roten Waggons mit dem blauen Emblem der »Russischen Eisenbahn« vorbei. Beim Einsteigen zeigte ich der Schaffnerin in grüner Uniform Ticket und Reisepass vor. Inzwischen kannte ich meine Passnummer auswendig – so oft, wie man in Russland den Pass vorzeigen muss. Die Schaffnerin verzog bei der Passkontrolle keine Miene und hieß mich, ohne ein Lächeln, wortlos mit einer Geste, in den Zug zu steigen.

Ein paar Leute, darunter auch eine Frau in Stöckelschuhen und Pelzmantel, stolperten über die Gleise. Im Zug war es mollig warm, etwas stickig. Ein Hauch von Wodka und Bier lag in der Luft. Im Vergleich zur Transsibirischen Eisenbahn roch es hier allerdings richtig angenehm. Die Transsib legt ja eine wesentlich weitere Strecke zurück, sodass manche Passagiere wohl schon einige Tage länger unterwegs gewesen waren, ohne sich zu waschen. Da konnte es einem durchaus ein wenig grün um die Nase werden.

Platzkarta-Waggon

Während sich im »Coupé« nur vier Personen das Abteil teilten, befanden sich in unserem »Platzkarta«-Großraumwagen ungefähr fünfzig Passagiere. Man saß auf bequem gepolsterten Pritschen, dazwischen ein Tisch. Nachdem er seine karierte, rechteckige Plastiktasche verstaut hatte, half mir ein junger Mann in moderner Lederjacke, meinen sperrigen Koffer auf die Ablage zu hieven. Eigentlich war mir laut meiner Platzkarte die untere Pritsche zugeteilt. Doch da passte mein Koffer nicht hinein. Ich setzte mich auf die noch freie untere Pritsche, zog meine Winterstiefel aus und bequeme Hausschuhe an. Gegenüber saßen schon zwei Frauen. Ein Ehepaar legte seine Fellmützen vor sich auf den Tisch.

»Begleitpersonen bitte aussteigen«, rief die Schaffnerin mit energischer Stimme, als sie durch ihren Waggon streifte, bevor sich der Zug langsam in Bewegung setzte. Mancher schrieb eine SMS, solange es noch Empfang gab. Handys sind in russischen Städten allgegenwärtig. »Mein Sohn, hörst du mich«, fragte eine Frau mittleren Alters im Nachbarabteil in ihr Handy. In Russland sprechen Eltern ihre Kinder oft mit »mein Sohn« beziehungsweise »meine Tochter« an. »Ich bin jetzt im Zug, holst du mich vom Bahnhof ab?« »O.K., tschüss, mein Sohn.«

Die Schaffnerin kam wieder vorbei, kontrollierte die Fahrkarten und gab jedem, der Bettwäsche mitgebucht hatte, eine durchsichtige Plastiktüte mit seiner eingeschweißten Bettwäsche.

Ein trister Güterzug mit Kohle rollte an uns vorbei. Wir hielten noch an ein paar Bahnhöfen in verschiedenen Stadtteilen an und nahmen weitere Passagiere auf. Das Grauingrau der Häuser wirkte trostlos. Es dämmerte schon, als die Plattenbausiedlungen von Industriegebieten abgelöst wurden. In dieser Industrieregion gibt es viel Bergbau, Maschinenbau, Chemie und Metallverarbeitung. Als wir auch die letzten kleinen Häuser am Stadtrand Krasnojarsks hinter uns ließen, war es schon fast dunkel.

Jenissei ... Slobino ... Kamartschaga

Ich schiebe die weißen Vorhänge, die ungefähr auf halber Höhe der Fenster an einer gelben schmalen Plastikgardinenstange hängen, zur Seite, um die Landschaft genießen zu können. Aber bald ist es auf unserer Fahrt durch die endlosen Wälder so finster, dass ich gar nichts mehr erkennen kann. Die Finsternis wirkt bedrohlich. Aber ich sitze ja im gemütlichen Zug. Obwohl ich die anderen Passagiere nicht kenne, empfinde ich die Atmosphäre als heimelig. Ruhige Musik aus den 80er-Jahren spielt dezent im Hintergrund, die Lautsprecher lassen sie ein wenig dumpf klingen.

Eine stark geschminkte junge Frau in unbequem wirkenden Designerjeans und moderner Bluse verschwindet in der Toilette. Als sie zurückkommt, ist sie kaum wiederzuerkennen. Nun trägt sie T-Shirt und eine bequeme Stretchhose.

Die zwei Frauen mir gegenüber auf der unteren Pritsche kommen vom Land und fahren nicht oft mit dem Zug. Sie waren zu Untersuchungen in der Stadt. Die jüngere von ihnen, blond gefärbtes Haar, rosa Lippenstift und schwarzbraunes Tüllkleid, ist 51 Jahre alt, wie ich ihrem Gespräch entnehme. Mit hoher Singsangstimme erzählt sie von der Privatisierung ihres Hauses. Dann reden sie über die Situation der Rentner in Sibirien. Die andere, um die 70, seufzt: »Wie soll ich bloß von meiner Durchschnittsrente von 8 000 Rubeln (ca. 200 Euro) leben? Was ist das schon? – Nichts!«

Jenissei ... Slobino ... Kamartschaga – das eintönige Rattern des Zuges wird nur unterbrochen, wenn er ungefähr einmal pro Stunde an einer Siedlung Halt macht. Die Wälder sind nun ins Schwarz der Nacht eingetaucht, doch aus ein paar kleinen Holzhäusern mit schneebedeckten Dächern leuchtet einladend warmes Licht. Wieder verliert sich die Fahrt in der endlosen Weite.

»Frische, leckere Piroschki, mit Kraut gefüllt«, bietet eine Frau mit energischer Stimme die Teigtaschen in ihrem Korb an. Mit einem klapprigen, verrosteten Wagen kommt eine andere Frau vorbei und verkauft kalte Getränke. Meine Nachbarinnen bieten mir Wurst und Brot an. Gerne nehme ich ihre Einladung, gemeinsam zu essen, an. Allerdings habe ich meine Brote schon aufgegessen und kann nur einen Schokoladenriegel und zwei Teebeutel beitragen.

Im hinteren Teil des Waggons befindet sich ein mit Kohle beheizter Wasserkocher für den obligatorischen Tee. Auf dem Weg dorthin streift mein Blick die Passagiere. Der ein oder andere liest Zeitung, eine ältere Dame mit häuslichem Kittel liest ihr Buch. Andere tüfteln in Sudokus herum oder spielen Karten. Man unterhält sich leise, andere liegen dösend auf ihren Pritschen. Bei der Schaffnerin erhalte ich drei Gläser in kunstvoll gestalteten Metallhalterungen. Dieses Mal huscht ein Lächeln über ihr Gesicht, als ich mich bedanke. Es kostet nichts, sich die Gläser für die Fahrt auszuleihen. Mit meinen beiden Teebeuteln gieße ich *Tschai* in den Gläsern auf.

Nach einem englischen Popsong läuft jetzt im Lautsprecher russische Rockmusik. Ich komme an einem Abteil vorbei, in dem ein Mann in langer Unterhose sitzt und sich gerade in aller Öffentlichkeit seine schwarze Jogginghose überzieht. Das Ehepaar schräg gegenüber knackt *Semitschki* (Sonnenblumenkerne). Die Schalen sammeln sie auf einer Zeitung. Ich esse zwar auch gerne Semitschki, doch so gut wie die Russen kann ich sie noch nicht mit den Zähnen aufbrechen, um an die leckeren Kerne heranzukommen.

Zurück an meinem Tisch unterhalten wir uns nett beim gemeinsamen Abendessen. Die jüngere Frau stellt sich mit

Natascha[1] vor, die ältere, die sich über ihre dunkelgraue Bluse mit goldenen Applikationen ein Tuch mit Blumenmuster gehängt hat, heißt Lena.

Die Strecke auf diesem Seitenarm der Transsibirischen Eisenbahn von Krasnojarsk nach Karabula gibt es erst seit Mitte der 70er-Jahre, wie ich von Natascha erfahre. Sie hat sich schon Sorgen gemacht, wie sie auf die obere Pritsche klettern soll. Ich biete ihr an, mit ihr zu tauschen, worüber sie sich freut. Ich liege sowieso lieber oben, weil ich da besser aus dem Fenster schauen kann. Wir holen die zusammengerollten Matratzen von der oberen Ablage. Wer wohl schon alles darauf genächtigt hat? Wir rollen sie auf unseren Pritschen aus, beziehen sie mit Bettwäsche aus der Tüte und legen die grünkarierten Wolldecken darauf.

Um 23.00 Uhr verstummt die Musik. Es wird still im Waggon. Bevor ich auf meine Pritsche klettere, bete ich, dass Gott gut auf mein Gepäck aufpasst, während ich schlafe. Denn es ist nicht selbstverständlich, den Zug wirklich wieder mit all seinen Siebensachen zu verlassen.

Ich fuhr einmal mit meiner Freundin Annika mit der Transsib an den Baikalsee. Wir saßen im letzten Waggon. Zu der laut Fahrplan angegebenen Zeit stellten wir uns mit unserem Gepäck an die Ausgangstür. Doch dann erfuhren wir, dass der Zug eine halbe Stunde Verspätung hatte. Wir wollten unser Gepäck wieder mit an unseren Platz nehmen, da sagte die Schaffnerin zu mir: »Lassen Sie den Rucksack doch einfach hier im Gang stehen.« »Es ist echt kein Problem, ich nehme ihn lieber mit«, sagte ich. »Kommen Sie schon, für die halbe Stunde. Ich bin ja hier und passe auf«, beruhigte mich die Schaffnerin. Schließlich kehrte ich ohne Rucksack zu unserem Platz zurück.

---

[1] Namen im Buch sind teilweise geändert, um die Privatsphäre der Personen zu wahren.

Nach einigen Minuten beschlich mich dann aber doch ein mulmiges Gefühl. Ich schaute nach dem Rucksack, ob noch alles da war. Meine hellblaue Jacke fehlte. Sofort sagte ich der Schaffnerin Bescheid, sie war sichtlich betreten. Im Stechschritt machte sie sich auf in den nächsten Waggon: »Kommen Sie mit!« Sie raunte dem Schaffner dort zu: »Haben Sie jemanden mit einer hellblauen Jacke hier vorbeikommen sehen?« »Nein, in den letzten Minuten kam hier nur ein Mann mit roter Jacke vorbei.« Nächster Waggon: »Kam hier in den letzten Minuten ein Mann vorbei?« »Ja, einer mit roter Jacke.« Weiter ging's. »War hier ein Mann mit roter Jacke?« »Ja.«

Von Waggon zu Waggon fragte sich die Schaffnerin durch. Die Züge der Transsib sind sehr lang. Unbeirrt marschierte sie weiter. Überall erzählte man uns von dem Mann in roter Jacke. Endlich, im aller ersten Waggon, saß er auf einer Pritsche. Forsch forderte die Schaffnerin ihn auf: »Rücken Sie raus, was Sie gestohlen haben!« »Wie? Es ist etwas gestohlen worden? Kann ich Ihnen vielleicht irgendwie helfen, es wiederzufinden?« Mit unschuldigem Hundeblick schaute er sie an. Ich sah unter seiner roten Jacke meinen hellblauen Kragen hervorlugen und deutete darauf. »Jacke ausziehen!«, ordnete die Schaffnerin barsch an. Er zog beide Jacken aus, darunter nur die bloße Haut, gab mir die hellblaue und zog die rote wieder an. »Dass so was nicht nochmal vorkommt, ist das klar?«, ermahnte die Schaffnerin den Dieb, bevor sie ihn, ohne weitere Konsequenzen, gehen ließ. Ich schaffte es gerade noch wieder zum anderen Ende des Zugs zurück, bevor wir in Irkutsk einfuhren.

Aufgrund dieser Erfahrung passe ich dieses Mal besser auf mein Gepäck auf.

Es ist stickig und heiß im Zug. Ich krieche in mein Bett. Von meiner Pritsche aus sehe ich einen jungen Mann, der sich gerade sein T-Shirt auszieht und unter seine Decke schlüpft. Von verschiedenen Seiten dringt Schnarchen an mein Ohr. Solange der Zug gleichförmig ratternd in Bewegung ist, schlafe ich leicht. Doch immer wieder wache ich auf, weil wir anhalten und der Rhythmus der Fahrtgeräusche unterbrochen wird. Eine halbe Stunde, bevor wir Tschunojar erreichen, weckt mich die Schaffnerin. Weil ja jeder eine Platzkarte hat, weiß sie, wo ich aussteigen muss – und das, obwohl Natascha und ich die Pritschen getauscht haben.

Es ist noch dunkel. Ich fühle mich von der zwölfstündigen Fahrt ziemlich durchgerüttelt. Das Dorf heißt Oktjabrski, die Siedlung Tschunojar liegt noch einige Kilometer entfernt Richtung Osinowy Mys. Weiter geht's dem Ziel meiner Reise entgegen. Bis ins Dorf Osinowy Mys ist es noch eine Stunde Fahrt. Es kann mich niemand abholen, denn neulich sind die Scheunen und Garage meiner Freunde abgebrannt, auch ihr Auto. Deshalb nehme ich den Bus, der bereits an dem kleinen Bahnhof auf mich wartet.

Von der Farbe des Fahrzeugs ist nicht viel zu erkennen, weil alles von einer ziemlichen Schmutzschicht überzogen ist, an der Tür weht eine Russlandflagge. Vorne beim Fahrer hängt eine kleine Ikone, die Gottes Schutz garantieren soll. Vermutlich dient sie eher als Dekoration, weil direkt darunter ein aufreizendes Frauenbild in derselben Größe prangt. Selten habe ich eine Heilige und eine Unheilige so nahe beieinander gesehen. Die Windschutzscheibe wird von glitzernden Girlanden umrahmt.

Mit einer Schere schneidet der Busfahrer die Tickets aus und trägt mit Kugelschreiber das Datum ein. Neben seinem Platz ist eine Ablage, auf der seine Schachtel mit Wechselgeld steht. Der Bus ist so voll, dass ich nur noch einen Stehplatz bekomme, eng gedrängt zwischen den anderen Passagieren. Es ist gar nicht so einfach, meinen Koffer so zu positionieren, dass er niemanden stört. Mit der Zeit beginne ich, in meinem Daunenmantel zu schwitzen. Ich öffne ihn zwar, doch mir ist immer noch heiß. Ausziehen kann ich ihn nicht. Dafür bin ich viel zu sehr eingequetscht. Hellgrüne Vorhänge an den Fenstern ringsum versperren den Blick in die malerische sibirische Weite. Ein Junge kniet auf seinem Sitz, sodass er vorne aus dem Bus schauen kann.

Unter den Passagieren herrscht ein vertrauter Umgangston. Ein Mann mittleren Alters in schwarzer Lederjacke mit grauem Stoppelhaar hat sich bei seiner Frau, die ein feines, von hellbraunen Locken umrahmtes Gesicht hat, eingehakt, den Kopf auf ihrer Schulter abgelegt und ist eingeschlafen. Als er aufwacht, unterhält er sich mit den beiden Frauen in der Reihe vor ihnen. Er massiert einer davon die Schultern. Ihre Frisur erinnert mich an einen Tiger, ihre Strähnchen decken das ganze Spektrum von blond, über verschiedene Brauntöne bis hin zu rötlich ab. Der Kragen ihres Mantels weist dieselben Farben auf. Sogar ihre Fingernägel sind tigerfarben gemustert. Überhaupt scheint Tigerlook in Sibirien gerade modern zu sein: An der Trennwand hinter dem Busfahrer hängt ein Kalender, auf dem ein Tiger abgebildet ist; und am Rückspiegel baumelt ein etwas grimmig dreinschauender Plüschtiger.

Die Passagiere scheinen sich gut zu kennen. Mir gegenüber empfinde ich jedoch eine gewisse Skepsis. Ich spüre musternde Blicke auf mir ruhen. Da quetscht sich eine Jugendliche in glänzend schwarzer Jacke, mit figurbetontem roten Pulli und enganliegender Jeans aus dem hinteren Bereich nach vorne zu ihren Freunden durch. Als sie mit ihren sehr spitz zulaufenden weißen Stiefeln mit Fellrand über meinen Koffer geklettert ist, dreht sie sich um und meint keck: »Mädchen!« (Wenn man eine Frau, egal wie alt, nicht kennt, dann ist es hier üblich, sie mit »Mädchen« anzusprechen) »Setzen Sie sich doch einfach auf den Schoß des jungen Mannes neben Ihnen. Der hat bestimmt nichts dagegen. Schauen Sie sich doch nur seine guten Augen an!«

Der Mann mit den leuchtendblauen »guten Augen« grinst mich freundlich an. Das Mädchen und ihre Freunde unterhalten sich angeregt. Ansonsten ist es eher still im Bus. Die Passagiere haben Zeit. Eine ältere Frau umklammert die glänzende Handtasche auf ihrem Schoß und schaut nachdenklich aus dem Fenster. Die junge Dame neben ihr kaut gelangweilt Kaugummi. Ein paar betrunkene Männer beugen sich zu ihr herüber und bieten ihr lallend ein Bier an. Lächelnd lehnt sie ab.

Die ersten Sonnenstrahlen sind bereits zu sehen, als der Busfahrer an einem kleinen Häuschen mit drei Zapfsäulen eine Tankpause einlegt. »Geben Sie es bitte weiter.« Jemand neu Zugestiegenes aus dem hinteren Teil des Busses lässt Geld durch den Gang zum Fahrer vorwandern. Wenig später reichen wir Passagiere die Fahrkarte von vorne nach hinten durch.

Jetzt im Winter sind die nicht asphaltierten Straßen besser befahrbar. Die Unebenheiten und Schlaglöcher, über die der Bus im Sommer ruckelt und hüpft, sind nun mit Schnee gefüllt. Der sonst sandige und steinige Untergrund ist geschmeidiger. Ich freue mich, dass es zügig vorwärtsgeht, weil ich es kaum erwarten kann, ins Dorf Osinowy Mys zu gelangen. Schon seit Jahren habe ich mir gewünscht, eines Tages in so einem Dorf in den Tiefen Russlands zu leben.

Endlich angekommen

Endlich ist es so weit. Der Bus überquert die Brücke über ein kleines Flüsschen und biegt an der Weggabelung links nach Osinowy Mys ab. Der Name dieses von Wäldern umgebenen sibirischen Ortes bedeutet so viel wie »Espenbucht«. Die Häuser reihen sich wie bunte Perlen an dem breiten Fluss Tschuna entlang. Die Siedlung wurde an einer Stelle errichtet, an der wohl einst einige Espen wuchsen.

Verschlafen liegt das Dorf, in dem ungefähr 2 000 Menschen leben, vor mir. Hinter hohen Bretterzäunen am Ortseingang auf der linken Straßenseite sind Gerüste und Maschinen zu sehen, vermutlich ein Sägewerk, rechts Wohnhäuser. Vor einem größeren Holzhaus steht ein Feuerwehrauto. Hinter den braunen, hellblauen und grünen, teilweise mit wunderschönen Schnitzereien versehenen Zäunen, stehen Holzhäuser mit kunstvoll geschnitzten Fensterrahmen, meist in Hellblau. Die Straßen sind menschenleer, es scheint sich noch nichts zu rühren.

Wir fahren die Hauptstraße *Sowjetskaja*, die »Sowjetische«, entlang. Überall in Russland heißen Hauptstraßen »Sowjetische«, »Lenins Straße« oder an die Oktoberrevolution erinnernd »Oktoberstraße«. Doch abgesehen vom Namen wirkt diese hier weniger wie eine Hauptstraße, hier ist weder Auto noch Mensch zu sehen. Auf den Birken glitzert Raureif in der Morgensonne. Wir kommen an einem Kindergartengebäude mit bunten Märchenfiguren und an einer hohen Sporthalle aus dunklem Holz vorbei. An einer Kreuzung stehen etwas größere Gebäude, die sich deutlich von den geduckten Wohnhäusern aus Holz unterscheiden. Der Bus kommt zum Stehen. Der Ortskern, ich steige aus. Tief sauge ich die frische Luft ein. Ange-kommen!

An allen vier Ecken der Kreuzung gibt es kleine Geschäf-te. *Katjuscha*, *Lutsch* und *Kolos* steht auf den farbenfrohen Schildern. Ein Laden trägt witzigerweise den deutschen Na-men *Eisberg*. Am Straßenrand stehen drei Männer in Tarn-kleidung, keine Militärs, nur die hier übliche Arbeitskluft.

Das große, helle Haus wird das »Clubgebäude« sein. In den Dörfern gibt es immer ein solches Haus für kulturelle Veranstaltungen. Hinter Birken schaut die Schule hervor. Auf der zum Wald führenden Querstraße liegt am Hang das staatliche Holzkontor, ein wichtig wirkendes Steingebäude, in dem die Verwaltung der Forstwirtschaft untergebracht ist. Eine Russlandfahne weht auf einem etwas von der Stra-ße zurückgesetzten, blauweißen Holzhaus. Vorne, direkt an der Straße, steht eines der wenigen zweistöckigen Gebäude. Alles Mögliche ist hierin untergebracht: zum Beispiel die Apotheke, daneben die Bank.

Mit gebückter Haltung überquert eine Babuschka mit Daunenkopftuch in *Walenki* (Filzstiefeln) und grauem Man-tel die Kreuzung. Sie kommt mit ihrer schweren Tasche auf der vereisten Straße nur mühsam voran. Ich bin gespannt, was ich in diesem Dorf alles erleben werde.

Katjas Gartenhäuschen

»Dawai, dawai, wstawai!« (Hopp! Los, raus aus den Federn!) Um 6.00 Uhr scheucht mich Katja Fjodorowna[2], bei der ich untergebracht bin, aus dem Bett. Nun ist erst einmal eine halbe Stunde lang Morgengymnastik angesagt. Wir legen für sie eine braune und für mich eine schwarze Jacke als Matten auf den Holzfußboden. Die abgenutzten Jacken zieht Katja sonst nur noch für die Gartenarbeit an, also können sie ruhig auf dem Boden liegen. Dann geht's los. »Eins, zwei, drei – rechtes Bein, linkes Bein ...« Noch im Halbschlaf versuche ich, ihren Anweisungen zu folgen, doch habe ich keine Chance, mit ihr mitzuhalten – bei ihrer langjährigen Erfahrung. Vom Alter her könnte Katja meine Mutter sein. Zum Frühstück isst sie gerne »flüssiges Omelett«, rohe Eier mit Brotbrocken. Die Eier holt sie aus dem Stall am Ende des Gartens. Dort hält sie fünf Hühner und einen Hahn. Wo es nur geht, verwendet sie eigene Produkte.

Katja Fjodorowna

---

[2] Russische Namen setzen sich aus drei Teilen zusammen: Vorname, Vatersname und Nachname. Dem Vatersnamen wird bei Frauen in der Regel die Endung „-owna" und bei Männern die Endung „-owitsch" angehängt. Die Verwendung des Nachnamens ist eher unüblich. Hingegen gilt der Gebrauch von Vornamen in Kombination mit Vatersnamen als höflich und dient zudem als Unterscheidungskriterium bei gleichlautenden Vornamen.

Morgens nach dem Frühstück hole ich uns beim Nachbarn Viktor Milch. Ich habe ihn gern. Er erinnert mich an meinen Opa, der mir viel bedeutete. Immer wieder gibt Viktor mir ein paar selbst geangelte Fische mit. Auch wenn es etwas gewöhnungsbedürftig ist, Fisch roh, eingelegt, geräuchert oder gedörrt zu essen, nehme ich ihn Viktor zuliebe an. Katja zeigt mir, wie man aus der frischen Milch *Tworog* (hüttenkäseähnlichen Quark) herstellen kann: »Schau mal, Mellytschka[3], du nimmst zwei große Flaschen Milch und stellst sie auf die Fensterbank …« So wirklich kann ich mir nicht merken, wie viele Stunden oder Tage die verschiedenen Gefäße mit Milch jeweils an einem warmen und dann wieder an einem kalten Ort stehen müssen, und wie viele Löffel Rahm von einem Gefäß ins andere geschöpft werden, bevor das Milchgemisch wiederum eine Weile ruhen muss.

Noch schlummert der Garten hinter Katjas Haus unter der Schneedecke. Dafür grünt schon umso mehr in Katjas Zuhause. Meine Bleibe kommt mir wie ein »Gartenhäuschen« vor, weil es im Sommer von prächtigem Grün umgeben ist, und weil Katja im Winter im Haus alle möglichen und unmöglichen Pflanzen zieht. Im Windfang, in der Küche, in ihrem Zimmer, im Durchgang, in meinem Zimmer – überall Pflanzen. »Oi, meine Kleinen, habt ihr Durst? Ich gebe euch Wasser zu trinken … Och, Gürkchen, bald werden wir euch essen. Kommt, wachst noch ein bisschen.« Katja redet mit den Pflanzen auf meiner Fensterbank. Mit Liebe und Hingabe pflegt sie sie, um sie im Frühling, wenn der Schnee geschmolzen ist, nach draußen zu setzen.

Wie auf jedem Grundstück des Dorfes befindet sich auch hinter Katjas Haus ein Gemüsegarten, in dem sie im Frühjahr Kartoffeln setzt und von Tomaten und Gurken über

---

[3] Mein deutscher Spitzname ist Melly; in Sibirien nennen mich manche verniedlichend „Mellytschka" (Mellychen).

Erdbeeren und Himbeeren bis hin zu Kürbissen und Melonen alle erdenklichen Obst- und Gemüsesorten anpflanzt. Im Sommer und Herbst wird das frische Obst und Gemüse gegessen. Und für den Winter wird fleißig eingemacht.

Manchmal durchströmt ein undefinierbarer Geruch das Haus. Dann hat Katja ihre Pflanzen wieder mit ihrem selbst gebrauten Gemisch aus Apfel-, Apfelsinen-, Eier-, Karotten-, Zwiebel- und Knoblauchschalen gegossen. Nicht nur biologische Abfälle verwendet Katja wieder. Schnell lerne ich, dass ich in Katjas Haushalt nichts wegwerfen darf. Sie findet für alles eine Verwendung. Im Tetrapack kann noch ein Pflänzchen aufgezogen werden, im Joghurtbecher noch eine Blume wachsen. Sogar gebrauchte Plastiktüten schneidet sie in Streifen und häkelt Fußabtreter daraus.

Solange es draußen noch kalt genug ist, schaltet Katja ihren Kühlschrank nicht ein, stattdessen stellen wir unsere Lebensmittel im Windfang ab. Eines Tages huscht eine kleine, graue Maus durch mein Zimmer, setzt sich hin und schaut mich mit großen Augen an. Als ich Katja von der Maus erzähle, grinst sie verschmitzt: »Ja, ich weiß, sie hat auch schon deinen Käse angeknabbert.« Katja liebt Scherze. Wir haben eine Menge Spaß zusammen.

Im Fußboden ist eine Luke eingelassen. Eine Leiter führt in den Keller hinab, in dem Katja bis zur nächsten Ernte ihre Kartoffeln lagert. Von dort holt Katja ein paar der Knollen für die Suppe, die sie uns zum Mittagessen zubereitet. Meistens gibt es mittags irgendwelche Suppen aus Kartoffeln, Kraut und dergleichen. Manchmal auch mit Pilzen. Oder Katja kocht typisch russischen *Borschtsch* (den traditionellen, mit Roter Beete zubereiteten Eintopf).

Katja ist dankbar, dass wir an der Hauptstraße wohnen. Hier gibt es, im Gegensatz zu anderen weiter oben am Waldrand gelegenen Häusern, das ganze Jahr über fließendes Wasser, im Winter sogar kaltes und warmes. Ihr Haus wird per Fernwärme geheizt, während andere ihre Häuser mit Holzöfen warm halten müssen.

Es ist für Katja eine enorme Erleichterung, nicht selbst Wasser schleppen und Holz hacken zu müssen. Ihre Wäsche jedoch wäscht sie mit der Handkurbelmaschine. Auch im Winter hängt sie sie draußen zum Trocknen auf. Bei diesen Minusgraden ist sie nach einer Weile so steif gefroren, dass man sie durchbrechen könnte. Nach zwei Tagen ist sie jedoch getrocknet.

Ein Ofen eines Dorfbewohners

Über die ganze Wandbreite des Flurs (ungefähr drei Meter) erstreckt sich eine Fototapete. Saftig grüne Palmen bringen die große weite Welt in Katjas »Gartenhäuschen«. Katja träumt davon, in der Weltgeschichte herumzureisen. Wenn es ihr finanziell möglich wäre, würde sie gerne andere Länder und deren Sitten und Gebräuche kennenlernen. Zwei weitere Fototapeten zieren Katjas Wohnzimmer, auf der einen ist ein Meer in Abendstimmung abgebildet, auf der anderen sind alle möglichen Tiere zu sehen. Dieses Bild erinnert sie daran, dass im biblischen Buch Jesaja[4] beschrieben wird, wie sämtliche Tiere eines Tages friedlich zusammenleben: »Dann werden der Wolf und das Lamm einträchtig zusammenleben; der Leopard und die Ziege werden beieinander lagern.«

---

[4] Jesaja 11,6.

Die frische Landluft und der rustikale Geruch von Holz gefallen mir, wenn ich aufs Plumpsklo gehe. Im Sommer bauen Wespen eines Tages direkt neben der Tür ihr Nest. Normalerweise schaffe ich es immer, die Tür behutsam zu öffnen und zu schließen, sodass sie mich in Ruhe lassen. Nur einmal gleitet mir die Tür aus der Hand. Wild schwirren die Wespen um mich herum. Da warte ich dann doch lieber, bis sie sich wieder beruhigt haben, und gehe erst ein paar Minuten später zur Toilette. Abends vor dem Schlafengehen holen wir einen Eimer als nächtliche Toilette herein und verschließen die Haustür mit einem kleinen Metallriegel.

Katjas „Gartenhäuschen"
der mittlere Teil des Reihenhauses

Fast alles hier ist hellblau

Ich möchte die Dorfbewohner kennenlernen und erfahren, was sie schon alles in ihrem Leben durchgemacht haben, an Freud und Leid Anteil nehmen. Anfangs will ich mit den Leuten Termine ausmachen, wann ich zu ihnen zu Besuch kommen könne. Doch dann verstehe ich, dass es hier üblich ist, einfach vorbeizukommen – ohne große Vorankündigungen. »Wann würde es dir passen?« »Egal, komm einfach irgendwann. Ich bin ja eh zu Hause.« Die Geschichten, die sie mir beim Teetrinken erzählen, bewegen mich tief.

Mit schwungvollen Bewegungen bringt Nelly Konstantinowna ein Tischchen aus dem Nebenzimmer in die gute Stube und stellt es vor mich hin. Während sie den Tee kocht, wandert mein Blick ein wenig durch ihr Wohnzimmer. An der Wand hängt ein großer, roter Teppich, auch das gut erhaltene, braun karierte Sofa ist mit einem rot gemusterten Teppich bedeckt. Die Wände und Zimmerdecke sind hellblau. Vielleicht bin ich ja deshalb so gerne in Sibirien, weil mir hier überall meine Lieblingsfarbe Hellblau begegnet. In fast allen Häusern sind die Decken und Wände hellblau, auch die Holzöfen, außerdem die meisten Fensterrahmen und Gartenzäune.

Nelly ist um die 70 Jahre alt und strahlt mich an. Sie liest gerne klassische Literatur. In ihrem Bücherregal finden sich Werke von Puschkin, Tolstoi und Tschechow. Außerdem liest sie gerne Kriminalromane, wie die von Agatha Christie. Im Gegensatz zu anderen Häusern, in denen die Möbel bunt zusammengewürfelt sind, stehen bei Nelly einheitliche mittelbraune Möbel. In der Vitrine neben dem Bücherregal bewahrt sie ihr Glasgeschirr auf. Zu besonders feierlichen Anlässen holt Nelly eine weiße Tischdecke heraus und deckt mit dem edlen Geschirr ein. Ein paar Kristallweingläser, die sie schon hat, seit sie 22 Jahre alt war, bezeichnet sie als »Reliquien«, die nur noch zur Dekoration dienen, aber nicht mehr benutzt werden.

Zum Tee bietet sie mir wie üblich *Konfety* an, bunt eingepackte Schokoladensüßigkeiten mit cremiger Füllung. Außerdem baut sie eine große Portion selbst gemachten *Tworog* (Quark) sowie Käse und Schmand aus eigener Produktion vor mir auf. Sie haben eine Kuh. Deren Milch reicht aus, um ihre Familie zu versorgen. Als sie alles herbeigeschafft hat, macht Nelly es sich in ihren gemütlichen Woll-Leggins auf einem Sessel bequem. »Kuschai, kuschai!« (Iss, iss!), drängt sie mich. Ihr frischer Quark schmeckt gut, doch schaffe ich es unmöglich, alles, was sie aufgetischt hat, zu verzehren.

Nellys Eltern waren die ersten Einwohner des Dorfes überhaupt. Gerne berichtet sie mir aus vergangenen Tagen. Quirlig wie sie ist, rutscht sie dabei immer wieder auf ihrem Sessel hin und her. Noch gut erinnert sie sich an die Zeit, als Osinowy Mys aus nur einem einzigen Haus bestand.

Ein dunkler Ort

Wir schreiben das Jahr 1947. An der Stelle, an der sich heute Osinowy Mys befindet, gab es nichts als Wald. Die nächste Siedlung dieser Gegend war Chaja, an einer wunderschönen, grünen Stelle am Ufer der Tschuna gelegen.

In dieser bereits seit Jahrhunderten bestehenden Siedlung hatten einst Ewenken (Tungusen) gelebt. Sie wirken etwas mongolisch und sind eine der 32-45 heute noch in Russland lebenden Volksgruppen. Ihre zahlreichen regionalen Clans leben über Sibirien, die Mongolei und China verstreut. In Russland wurden sie im 20. Jahrhundert sesshaft gemacht. Aber einige jeweils aus mehreren Familien bestehende Gruppen folgen heute noch ihren Rentierherden und betreiben als Nomaden Rentierzucht, Fischfang und Pelzjagd. Sie wohnen in *Tschums*. Diese Stabzelte bestehen aus einem Holzgerüst, meist Birke, und werden mit Stoffen oder Fellen abgedeckt.

Ungefähr 600 Kilometer nördlich von Osinowy Mys befindet sich, ebenfalls östlich des Jenisseis, seit 1930 der Autonome Kreis der Ewenken. Auch wenn dieses Gebiet inzwischen mit der Region Krasnojarsk vereinigt ist,

Rentier-Wettlauf für Ewenken-Kinder, im Hintergrund traditionelles Zelt

besitzt es verwaltungstechnisch weiterhin einen besonderen Status. Im Laufe der Jahre sind die Ewenken immer weiter von Süden nach Norden gewandert. Die meisten von ihnen leben heute in Jakutien. Der Handel von Pelzen gegen Wodka hatte verheerende Auswirkungen auf diese Volksgruppe. Leider ist der Alltag der meisten Ewenken in Russland heute von Alkoholismus, Arbeitslosigkeit und sozialen Problemen geprägt.

Während des Kommunismus wurde der Ort Chaja zur *Kolchose,* einem genossenschaftlichen landwirtschaftlichen Großbetrieb. Die Leitung der Kolchose gab die Norm vor, wie viel erwirtschaftet werden musste. In der Regel hatte jede Familie eine Kuh und musste im Jahr zehn Kilogramm Butter sowie 56 Kilogramm Fleisch an den Staat abgeben, dazu 75 Eier. Brot war knapp rationiert. Wurde viel produziert, erhielt man mehr Brot. Es gab keine Traktoren. Alle Arbeit musste von Hand oder mithilfe von Tieren verrichtet werden. Schuhe beispielsweise wurden selbst hergestellt.

Während der Kriegsjahre, in denen fast alle Männer an der Front waren, mussten sich die Frauen alleine durchschlagen. Nur ein paar Großväter, zu alt für die Front, konnten sie bei der Arbeit unterstützen. Die Kinder und Jugendlichen mussten schon früh kräftig mit anpacken.

Handgearbeitete Schuhe

Nellys Vater, ein Kommunist, wurde aufgefordert, zwölf Kilometer von Chaja entfernt eine Forstwirtschaft aufzubauen. 1948 zog er zunächst alleine an den zugewiesenen Ort. Als er sein Haus gebaut hatte, kamen ein Jahr später seine Frau und ihre neun Kinder nach. Ihr Haus stand am Ufer, neben den Zimmern der Familie befanden sich das Verwaltungsbüro für die Waldarbeit und ein Raum für eine Krankenschwester.

Nelly besuchte die erste Klasse in Chaja, ab der zweiten Klasse ging sie in Tschunojar ins Internat. Von Kopf bis Fuß dick in einen *Tulup* (Schafpelz) eingemummelt, brachten ihre Eltern sie per Pferd die 32 Kilometer von Osinowy Mys nach Tschunojar. In den Ferien lieh sich die Achtjährige in Tschunojar ein Pferd aus, um heimzureiten. Wenn sie mal übers Wochenende nach Hause wollte, musste sie den weiten Weg zu Fuß gehen.

Der Fluss, der erste Baum nach der Wegbiegung, der große Stein – sie und ihre Freundin merkten sich jeden markanten Punkt am Weg, um sich gegenseitig anzuspornen, wie weit sie schon gekommen waren. Die kleinen Füße wurden oft so müde, das Laufen tat weh. Noch sieben Kilometer, noch fünf, nur noch drei. Wie froh waren sie, wenn sie schließlich ihren Eltern in die Arme fallen konnten.

Einmal zu Ferienbeginn machten in Tschunojar Masern die Runde. Noch hatten Nelly und ihre Freundin keine roten Flecken. Doch für den Fall, dass sie die Krankheit schon in sich trugen, mussten sie in Tschunojar bleiben – und zwar bei der Familie des Direktors persönlich. Er wollte nicht, dass die Krankheitswelle auch noch in Osinowy Mys um sich greifen würde. Dabei wollten die beiden Mädchen doch so gerne nach Hause und ihre Ferien genießen. Sie vermissten ihre Familien.

Der Direktor beauftragte sie, Wasser in seiner *Banja* (Sauna) aufzugießen. Sowie sie außer Sichtweite des Direktors waren, ließen sie die Eimer stehen und stahlen sich Richtung Osinowy Mys davon. Sie liefen los, einfach so wie sie waren, ohne etwas einzupacken oder mitzunehmen. Aufgebracht wurden sie überall in Tschunojar gesucht. Die Familie des Direktors machte sich schreckliche Sorgen. Als endlich jemand auf die Idee kam, dass sie sich nach Hause aufgemacht haben könnten, waren Nelly und ihre Freundin schon über alle Berge. Zur Strafe für die Flucht mussten sie nach den Ferien noch einen Monat in Osinowy Mys bleiben, sie hatten Schulverbot. »Als wir schließlich in Tschunojar eintrafen, bekamen wir gehörig Ärger«, erzählt mir Nelly schmunzelnd.

Im Laufe der Zeit wuchs die Siedlung Osinowy Mys, die erste Straße zog sich am Fluss entlang. So mancher kam damals unfreiwillig an diesen Ort. Im Zuge der »Säuberung« Stalins wurden in den Jahren 1948 bis 1951 viele Menschen hierher verbannt. Das westsibirische Gebiet Krasnojarsk mit einer Fläche von mehr als zwei Millionen Quadratkilometern vom Sajangebirge im Süden bis zur Taimyrhalbinsel im Norden unterstand dem »Gulag«, der Hauptverwaltung der »Besserungsarbeitslager«. (Insgesamt wurden zwischen 1938 und 1956 eine Million Menschen in Zwangsarbeitslager, Straflager, Gefängnisse und an solche Verbannungsorte ins Krasnojarsker Gebiet deportiert.)

Bei den Verbannten, die nach Osinowy Mys kamen, handelte es sich häufig um gebildete Personen aus aller Herren Länder. Da waren Deutschstämmige und Leute aus Litauen, Lettland, Estland, dem Kaukasus, Aserbaidschan, Armenien und Tschetschenien. Die meisten waren aus politischen Gründen nach Sibirien verbannt worden. Oft reichte schon eine kleine Bemerkung, die als regimefeindlich erachtet wurde, um ins Gulag zu wandern.

Nelly erinnert sich an einen Wirtschaftsstudenten aus der Stadt. In einer Vorlesung war es zu Meinungsverschiedenheiten mit dem Dozenten gekommen. In seiner Erregung hatte der Student gesagt: »Ach, Sie wissen es doch selbst nicht!« Der Dozent, der sich in seiner Kompetenz hinterfragt gefühlt hatte, sorgte dafür, dass der Student nach Sibirien verbannt wurde.

Wenn sie in Osinowy Mys ankamen, lag ein beschwerlicher Weg voller Entbehrungen hinter den Verbannten. Im Winter hatten sie oft weite Distanzen durch Schnee und Eis zu Fuß zurückgelegt – und das bei extremen Minusgraden. Es kam vor, dass sich die Menschen unterwegs Erdlöcher gruben, um darin zu wohnen.

In einem Konvoi hatten sich die Wandernden reihum abwechselnd zu zweit oder zu dritt auf ein Pferd gesetzt, um sich ein wenig vom anstrengenden Schneestapfen auszuruhen. Ein Erschöpfter ließ sich auf den Pferderücken fallen – nicht ahnend, dass dort unter Decken verborgen ein Junge eingeschlafen war. Er erdrückte den Kleinen während des Ritts.

Der Fünfjährige wurde bei der Ankunft in Osinowy Mys begraben. Selbst jetzt, viele Jahre später, hat Nelly die verzweifelte Stimme seiner Mutter noch im Ohr, wie sie wieder und wieder mit ukrainischem Akzent den Namen des Jungen rief: »Henitschka, Henitschka!«

Die Verbannten kamen über die Tschuna nach Osinowy Mys. Erster Anlaufpunkt war das inzwischen am Ufer erbaute Clubhaus. Dort wurde entschieden, wie mit den Neuankömmlingen verfahren werden sollte. Wurde man weiter nach Magadan verfrachtet, bedeutete das den sicheren Tod. Das Zwangsarbeitslager dort war ein Ort des Grauens. Fern der Heimat und von ihren Angehörigen begann auch für die Opfer der Verbannung in Osinowy Mys ein entbehrungsreicher Lebensabschnitt voll harter Arbeit.

Ihre erste Aufgabe bestand darin, eine Baracke zu errichten. Sie schichteten Baumstämme zu einem länglichen Blockhaus aufeinander. In einem einzigen Zimmer lebten sie Bett an Bett. Nach Fertigstellung der Baracke mussten sie im Wald arbeiten, ausschließlich von Hand und mit Pferden. Außerdem entstand eine Ziegelei, in der Verbannte und Einheimische zusammen tätig waren.

Nelly empfand das Miteinander von Ortsansässigen und den Verbannten stets als harmonisch. Nur anfangs, als das allererste Mal ein Trupp mit Verbannten kam, wollte ihre Familie die Haustür zunächst verschlossen halten. Doch da sagte Nellys Vater, dass es sich bei den Neuankömmlingen um zivilisierte und gebildete Personen handelte. Fortan war Nelly offen für diese Menschen.

Sie bezeichnet die Beziehungen als herzlich und freundschaftlich. Man habe wie eine große Familie zusammengelebt. Die Verbannten waren höflich, meint Nelly. Noch heute denkt sie daran zurück, wie sie beim Schlittenfahren an der Baracke der Verbannten etwas Süßes von ihnen zugesteckt bekam. Sie und ihre Geschwister schlüpften manchmal auch in die Baracke, um sich aufzuwärmen.

Es fanden sogar gemeinsame Feste statt. Nellys Vater war Musikant. Mit Begeisterung spielte er Ziehharmonika, Gitarre und *Balalaika* (dreieckige Laute). Anlässlich des Frühlingsanfangs organisierte er Konzerte und Theaterstücke für alle. Osinowy Mys war von mehreren Kolchosen umgeben. Mit der Zeit schlossen viele, die sich in der Verbannung befanden, Ehen mit Einheimischen. Neue Familien wurden gegründet. Teilweise, obwohl die Verbannten in ihrer Heimat Frau und Kinder zurückgelassen hatten. Sie glaubten nicht, jemals wieder zurückkehren zu können. Nelly heiratete einen Letten.

Einige Monate nach Stalins Tod (5. März 1953) begannen die Rehabilitationen, die zum Teil noch bis heute andauern. Die unter Stalin gesprochenen Urteile wurden aufgehoben und die Verbannten wieder in die Gesellschaft eingegliedert. Sie waren nun frei, zu leben, wo sie wollten. Viele blieben jedoch ihr Leben lang in diesem sibirischen Dorf und bauten sich hier eine neue Existenz auf. Andere kehrten, obwohl sie hier teilweise neue Familien gegründet hatten, nach Hause zurück. Auf dem Wasserweg über die Angara und den Jenissei und per Flugzeug wurden sie in ihre Herkunftsländer zurückgebracht. Manche Familien im Dorf leiden bis heute darunter, dass damals ihre Väter und Großväter wegzogen.

In Osinowy Mys gab es inzwischen immer mehr Kinder, sodass eine Schule vor Ort nötig wurde. 1955 kam die damals 22-jährige Lehrerin Tatjana Artjemewa aus Chaja nach Osinowy Mys und machte im Clubgebäude am Ufer eine Dorfschule auf. In dem kleinen Eckzimmer mit den beiden Fenstern, in dem sie alle vier Klassen parallel unterrichtete, hing eine Karte der Sowjetunion an der Wand. Ein gemeinsamer Ofen beheizte den Club und das Klassenzimmer.

In der Anfangszeit war Tatjana die einzige Lehrerin der 14 Kinder. Aber die Schüler waren so brav, dass sie sich ungestört jeweils einer Klassenstufe widmen konnte, während der Rest Stillarbeit machte. Nach zwei Jahren bekam sie Unterstützung durch eine zweite Lehrerin. Als das Klassenzimmer zu klein wurde, halfen alle Dorfbewohner mit, ein Schulgebäude zu bauen.

In den 60er-Jahren zogen viele Menschen freiwillig nach Osinowy Mys, um in der Holzindustrie zu arbeiten. Sie bauten etliche neue Häuser. Im Zuge dessen zog die Schule nochmals um – in ein neu errichtetes Backsteinhaus. 1993 gab es hier 500 Schüler, in den 90er-Jahren ging die Zahl wieder zurück. Heute besuchen 214 Schüler die Dorfschule von Osinowy Mys, sie werden von 23 Lehrern unterrichtet.

Um die wirtschaftliche Lage des Dorfes ist es zurzeit schlecht bestellt. Bis vor Kurzem war ein Großteil der Bewohner in der Holzbranche beschäftigt. Noch vor fünf Jahren gab es zehn Betriebe, die Jahr für Jahr kleinere Waldstücke pachteten. Vor zwei Jahren waren noch sieben Sägewerke in Betrieb. Unter anderem aufgrund der Wirtschaftskrise übernimmt die russische Regierung immer mehr das Monopol in der Holzindustrie. Heute hat eine einzige große Kompanie sämtliche wichtigen Waldstücke gepachtet. Es gibt nur noch drei Unternehmen, die groß genug sind, um mit dem Staat zusammenzuarbeiten. Die Verwaltung der Forstwirtschaft teilt keine Waldstücke mehr zu. Daher sind die meisten Dorfbewohner arbeitslos. Viele können es sich nicht mehr leisten, ihre Kinder zum Studium oder zur Ausbildung in die Stadt Krasnojarsk zu schicken.

Heutzutage gibt es in den Geschäften alles, was man fürs tägliche Leben braucht. Dennoch zählen Produkte wie frisches Obst, Käse und Fleisch für viele Dorfbewohner zu den unerschwinglichen Luxusartikeln. Da ist man froh, auf die Erzeugnisse aus dem eigenen Garten zurückgreifen zu können. Das Leben vieler in Osinowy Mys gleicht oft eher einem Kampf ums Überleben. Die paar Rubel, die sich der ein oder andere durch Fahrdienste und Reparaturen verdient, werden leider oft in Wodka umgesetzt. Es ist ein Teufelskreis. Zu viele Leute haben keine Perspektive, deshalb trinken sie. Mir tun diese Menschen leid, denen Alkoholsucht das Leben zerstört. Doch mehr dazu später.

Das ehemalige Clubhaus, in dem einst über das weitere Vorgehen mit den Verbannten entschieden wurde und in dem später die Schule untergebracht war, hat inzwischen verschiedene Verwendungen gefunden. Einige Zeit diente es als Bäckerei, dann war dort ein ukrainischer Holzvertrieb angesiedelt, später kam es in die Hände einer russischen Traktorenkompanie. Mal diente es als Lagerhaus, mal befand sich ein Geschäft darin. Heute ist dieses Haus ein Ort der Freude und des Friedens, weil in ihm in den 90er-Jahren eine kleine christliche Gemeinde ihr Zuhause fand.

Im Tante-Emma-Laden

Im Dorfkern gibt es einige Tante-Emma-Läden. Im größten von ihnen findet man alles Erdenkliche. Hufeisenförmig zieht sich zwischen der Ware und dem Kunden die abgenutzte Theke durch den Laden. An den Wänden hängt ein volles Regal über dem anderen. Gleich wenn man hereinkommt, zieht das oberste Regal den Blick auf sich: die ganze linke Ladenbreite, ungefähr zehn Meter lang, reiht sich hier eine Wodkaflasche an die nächste. Hinter der Kasse hängen zwei große Plakate mit Bierwerbung, zwischendrin ein viel zu kleines Schildchen, dass es verboten sei, Alkohol und Tabakwaren an Minderjährige zu verkaufen. Kein Wunder, dass Alkohol hier ein Problem ist. Tee, Ketchup und alle möglichen Lebensmittel stehen in den Regalen unter den Spirituosen. Tüten mit bunten Süßigkeiten stapeln sich hinter der Kasse. Die kleine, stämmige, blonde Verkäuferin im blauen Kittel greift gerade in eine der *Konfety*-Tüten und wiegt die gewünschte Menge für eine Babuschka ab. Ich muss schlucken, als ich in einem Plastikeimer neben der Waage einen Fisch mit Kopf, Schwanz und Flossen im eigenen Saft schwimmen sehe.

Verkäuferin im Tante-Emma-Laden

Heute ist Donnerstag. Liefertag. Deshalb sind die Toma-
ten- und Gurkenberge besonders hoch und die Schlange an
der Theke umso länger. Es dauert seine Zeit, bis die gestresste Verkäuferin den geduldig wartenden Kunden alle gewünschten Produkte herbeigeschafft hat. Vor mir stehen eine Frau mittleren Alters, ganz in Pink, eine Jugendliche mit
blondiertem Haar und extrem hohen Absätzen und ein junger Mann in sportlichem Outfit.

Die Frau in Pink ist an der Reihe. Die Verkäuferin reicht
ihr das Brot einfach so, unverpackt. Statt zu zahlen, will sich
die Frau den Einkauf anschreiben lassen. An der Kasse
hängt zwar ein Schild, dass man bar bezahlen soll. Aber die
Verkäuferin holt trotzdem ihr A5-Heft heraus, in dem die
Schulden sämtlicher Leute akribisch verzeichnet sind. Die
Kundin unterschreibt und verabschiedet sich.

Eine junge Frau im edlen, schwarzen Pelz betritt mit ele-
gantem Hüftschwung den Laden. So eine vornehm geklei-
dete Person trifft man hier selten im Dorf.

Ich habe meinen Einkauf zusammen. Obwohl es schon
März ist, bekomme ich eine Tüte mit Weihnachtsmannauf-
druck. Mit geübten Fingern schiebt die Verkäuferin die ab-
gegriffenen, hölzernen Röllchen des Rechenschiebers hin
und her, um auszurechnen, was ich ihr schuldig bin. Ich be-
zahle. Beim Verlassen des Geschäfts ruft mir die Verkäuferin
freundlich »Prichodite jescho!« (Kommen Sie wieder!) zu.
Ja, heutzutage sind die Regale brechend voll. Doch das war
nicht immer so …

Der Fremde mit dem Lächeln

Osinowy Mys, im Herbst 1994:

Es war wieder einmal keine einfache Zeit. Die Menschen waren geplagt von Sorgen. Was sollten sie essen? Die Regale in den Geschäften waren leer – die Geldbeutel der Leute ebenfalls. Die Löhne blieben während der Wirtschaftskrise nach dem Fall des Eisernen Vorhangs oftmals aus.

Viele ältere Menschen hatten bereits monatelang keine Rente mehr bezogen. Mancher Rentner starb in dieser Zeit an Unterernährung und weil er oder sie sich keine Medikamente leisten konnte. Obwohl es erst Ende September war, wurde es bereits kalt. Woher sollten sie Winterkleidung bekommen?

Im täglichen Kampf ums Überleben war jeder auf das Seine bedacht. Das Lachen war verstummt, Scherze waren keine mehr zu hören. Verzweiflung und Hoffnungslosigkeit prägten den Alltag. Des Lebens Härte hinterließ Spuren in den Gesichtern der Menschen.

Galina Michailowna arbeitete als Buchhalterin im Kontor der staatlichen Holzindustrie. Schlangen von Hilfesuchenden standen vor den Schaltern. Jeder versuchte, sich vorzudrängeln. Ein ganz gewöhnlicher Arbeitstag.

Galina schaute von ihrem Computer auf und erwartete, dass sich auch der nächste Kunde wieder mit ihr anlegen würde. Stattdessen blickte sie geradewegs in ein Paar strahlende Augen. Dieser große, dunkelhaarige Mann lächelte sie offen an. Galina erschrak. So etwas hatte sie schon lange nicht mehr erlebt. Wie konnte dieser Mann, Ende 30, angesichts so harter Zeiten noch lächeln? Wer mochte er sein? Was wollte er hier?

Sie bekam mit, wie ihre Vorgesetzte ihm ein Dokument ausstellte. Sowie er den Raum verlassen hatte, erkundigte sie sich, wer der Fremde gewesen sei. »Das war David Walker, ein Amerikaner«, antwortete ihre Chefin. »Er und seine Familie sind kürzlich ins Dorf gezogen. Sie wollen sich in unserem Lager mit Betten und Decken versorgen. Gerade eben habe ich ihnen eine Genehmigung dafür ausgestellt.«

David und June Walker mit ihren damals vier Kindern erschienen den Einheimischen anfangs, als kämen sie von einem anderen Planeten. Man stand ihnen mit einer Mischung aus Skepsis und Neugier gegenüber. Waren sie wohl Spione? Weshalb lebten sie in Sibirien? Der Fremde und seine Familie hatten manche Widerstände und Strapazen auf sich genommen, um gerade in dieses sibirische Dorf zu gelangen.

David und June Walker mit Mycah, Justus, Myleah und Meran

Odyssee zwischen den Grenzen

»Was, ihr wollt doch nicht allen Ernstes nach Sibirien? Das Leben dort ist viel zu hart!«, hatten Walkers schon in den USA zu hören bekommen. »In Sibirien gibt es so viele Betrunkene und Gefangenenlager!« Aus Liebe zu den Menschen machten sich Walkers dennoch auf den Weg. Es handelte sich um eine Missionarsfamilie aus Idaho; er war gelernter Forstwirt. Ihre Heimatgemeinde, eine Calvary-Chapel, hatte sie nach Sibirien entsandt, um Menschen zu helfen und eine christliche Gemeinde zu gründen.

Walkers wollten so gut wie möglich Russisch lernen, deshalb absolvierten David und June ein siebenmonatiges Sprachstudium in Lettland. »Überlegt es euch gut, ob ihr tatsächlich nach Sibirien wollt!«, rieten ihnen auch die Letten ab.

Krasnojarsk erschien ihnen recht zentral in Sibirien gelegen, sie kamen im Juni 1994 in diese Stadt. Doch die Verlängerung ihrer Visa wurde abgelehnt, sodass sie Russland bereits nach drei Tagen wieder verlassen mussten. Um nicht zurück nach Amerika fliegen zu müssen, fuhren sie mit dem Zug nach Lettland. Was dann folgte, war eine echte Odyssee.

An der Grenze schauten die Beamten ihre Pässe wieder und wieder kritisch-prüfend an. Just während Walkers fast fünftägiger Zugfahrt war ein neues Gesetz herausgekommen. Vorher brauchten Amerikaner für Lettland kein Visum, das hatte sich geändert. Natürlich hatten sie keine Visa für Lettland. »Aussteigen!«, hieß es deshalb für sie an der lettischen Grenze. »Ohne Visum ist es laut des neuen Gesetzes unmöglich, auch nur eine einzige Nacht in Lettland zu bleiben!«

Sie wurden am Bahnhof in Riga als ganze Familie in ein kleines Gefängnis gebracht. Zwei ehemalige Eisenbahnwaggons waren halb in die Erde eingelassen und mit Stacheldraht umzäunt. Hier waren bereits ein südafrikanischer Tourist, ein iranischer Flüchtling und andere inhaftiert, ebenfalls aufgrund des neuen Gesetzes. Die bohrende Ungewissheit zerrte an ihren Nerven.

Nach einem Tag im Gefängnis wollten die lettischen Grenzbeamten sie zurück nach Russland verfrachten, aber ihre russischen Visa hatten sie am Vortag an der Grenze abgeben müssen. Auf russischer Seite mussten sie in einer Ecke des Bahnhofs übernachten, wo ständig Leute vorbeikamen. Soldaten mit Maschinengewehren bewachten sie. Walkers fühlten sich behandelt wie Schwerverbrecher – dabei wollten sie doch einfach nur neue Visa. Sie schliefen auf dem blanken Boden. Gott sei Dank hatten sie ihre Schlafsäcke dabei. Am nächsten Morgen wurde Familie Walker wieder nach Lettland überführt. So ging es vier Mal hin und her – tagsüber im lettischen Gefängnis, nachts in ihrer Ecke auf dem russischen Bahnhof.

Täglich versuchten die neuen Missionare, ihre amerikanische Botschaft in Riga zu erreichen. Interessanterweise kam gerade Bill Clinton zum Staatsbesuch nach Lettland. Die Botschafter hatten wohl Wichtigeres zu tun, als sich um Familie Walker zu kümmern. Niemand war erreichbar. Über drei Ecken hörte man in der Botschaft von Walkers Schicksal. Schließlich rief ein Beamter David an und sorgte dafür, dass die lettische Regierung ihnen ein provisorisches Visum ausstellte. In Lettland erhielten sie dann auch die nötigen Visa für Russland wieder. Einen Monat später wurde dieses Gesetz in Lettland übrigens rückgängig gemacht.

Mit dem Fischer unterwegs

Zurück in Krasnojarsk standen Walkers im Juli 1994 vor der Frage, wohin es konkret gehen sollte. Die christlichen Missionare waren sich sicher, dass Gott sie in ein Dorf in Sibirien bringen wollte, um Menschen mit seiner Liebe zu erreichen. Aber selbst in Krasnojarsk sagte man ihnen: »Ihr könnt doch nicht wirklich in so ein Kaff mitten im Wald ziehen! Nicht einmal unsere russischen Stadtbewohner wollen dort leben!« Man hat Familie Walker wirklich auf dem ganzen Weg davon abgeraten, in ein sibirisches Dorf zu ziehen.

David und June gaben nicht auf. Sie beteten weiterhin dafür. Sie hatten nur eine uralte amerikanische Landkarte von Sibirien zur Verfügung. Das einzige eingezeichnete Dorf war Burny, was so viel wie »laut« bedeutet. David machte sich mit seinem elfjährigen Sohn Justus nach Burny auf, während June mit den Töchtern in der Stadt blieb. Auf dem Weg kamen sie auch durch Osinowy Mys. Hier verbrachten sie einige Tage.

Sohn Justus gefiel es auf dem Land viel besser als in der Stadt. Wieder in der Natur zu sein, tat ihm so gut. Es erinnerte ihn an ihre Heimat Idaho, wo er viel Zeit im Wald verbracht hatte. Die Menschen waren auch offener und gastfreundlicher als in der Stadt. Sie schienen so interessiert an Walkers.

Ein Fischer nahm sie in seinem Boot für zehn Tage nach Burny mit. Der Wasserweg ist die einzige Möglichkeit, dorthin zu gelangen, es gibt bis heute keine Straße in diese Siedlung. Noch war es spätsommerlich warm, doch schon bald würde das Wetter umschlagen und der Winter Einzug halten.

Während der frühen Sowjetzeit war Burny eine Stadt mit rund 5 000 Einwohnern gewesen. Das große Sägewerk war aber nur für ein vorübergehendes Projekt in den Nachkriegsjahren errichtet worden. 1956, als in den umliegenden Wäldern alles abgeholzt war, zogen die Arbeiter weiter. Von der Stadt war nichts mehr erkennbar. Hier hatten sich nur ein paar »Altgläubige« (Orthodoxe, die sich von der Großkirche abgespalten haben) niedergelassen. Weil sie während des Kommunismus ihren Glauben nicht ausleben durften, hatten sie sich in die Einöde geflüchtet. Das Holz der verlassenen Häuser hatten sie als Brenn- und Baumaterial verwendet. Außerdem waren Leute aus umliegenden Dörfern gekommen, hatten Häuser abtransportiert und in ihren eigenen Dörfern wieder aufgebaut. Inzwischen erstreckten sich wieder Wald und Felder, wo einst viele Menschen gelebt hatten.

Nur ungefähr sieben altgläubige Familien lebten noch in den fünf verbliebenen Häusern. Die Männer trugen Bärte, die Frauen schwarze Kopftücher. Sie empfingen die Gäste herzlich, aber distanziert. Es war eine geschlossene Gesellschaft. Nach ein paar Tagen verließen Vater und Sohn das Dorf Burny wieder mit dem Fischerboot. Wo wollte Gott sie haben?

David und Justus hatten beide Frieden darüber, dass ihre Zwischenstation Osinowy Mys der genau richtige Ort sei. Von der Ortsverwaltung bekam die Familie ein Haus zugewiesen: die ehemalige, zu dieser Zeit leer stehende Kinderkrippe. Sie war in gutem Zustand und hatte, im Vergleich zu sonstigen Wohnhäusern, sehr hohe Räume. Durch die großen Fenster flutete viel Licht herein. Ende September 1994 war es dann so weit, dass auch der Rest der Familie aus Krasnojarsk ins Dorf zog. Sie renovierten das Gebäude, reparierten den Ofen und luden erste Gäste ein.

Die Einheimischen wunderten sich, was die Fremden bei ihnen wollten. Es gab sogar Gerüchte, dass sie am anderen

Ufer der Tschuna einen Flughafen für Amerikaner bauen wollten. Als Walkers 1995 als erste Familie in Osinowy Mys einen Internetzugang bekamen, sah sich so mancher Dorfbewohner in der Annahme bestätigt, dass es sich um Spione handeln musste.

Bei den sibirischen Kindern gewann die Neugier Oberhand. Die amerikanische Familie hatte allerlei Spiele, die ihnen unbekannt waren. Es beeindruckte sie, dass sogar der Vater mitspielte. Alles war so anders, so interessant. Walkers hatten immer ein offenes Haus, sodass die Dorfkinder gerne zu ihnen kamen.

Einige Eltern verboten es jedoch strengstens. Sie drohten Walkers sogar an: »Wenn unsere Kinder weiterhin zu euch kommen, werden wir euch erschießen oder euer Haus abfackeln.« Das war ernst gemeint. Während eines Heimataufenthalts von Walkers in den Staaten, als sich zwei Russen um ihr Haus in Osinowy Mys kümmerten, versuchten Einheimische später tatsächlich, es in Brand zu stecken. Beide Male hielt Gott schützend seine Hände darüber, das Feuer wurde entdeckt und konnte keinen Schaden anrichten.

Walkers lebten sich immer mehr ein. Schon bald begann Vater David, an der Dorfschule Englisch zu unterrichten. Sie halfen, wo sie nur konnten, hackten Feuerholz für ihre sibirischen Nachbarn, strichen mit ihnen Häuser, bauten Zäune und packten bei der Kartoffelernte mit an.

Sie ließen Hilfsgüter aus Amerika einfliegen. In einem Container befand sich von Rollstühlen über Bandagen bis hin zu Nadeln alles Erdenkliche, um damit das Krankenhaus in Bogutschany zu unterstützen. Damals waren die Kliniken dieser Gegend so schlecht ausgestattet, dass es nicht einmal Nadel und Faden zum Vernähen der Operationswunden gab. Zudem spendeten christliche Gemeinden in den USA Kleider für Osinowy Mys, die Walkers gerne verteilten.

Die Missionarsfamilie wünschte sich, dass viele Menschen Gott persönlich kennenlernen. June machte täglich einen einstündigen Spaziergang um Osinowy Mys herum, bei dem sie mit Gott redete und für das Dorf und seine Bewohner betete. Zwei bis drei Jahre lang hielten sie sonntags einfach als Familie einen kleinen Gottesdienst ab, ohne dass jemand aus dem Dorf dazugekommen wäre. Nur ab und zu verirrte sich einmal ein einzelner Gast zum Gottesdienst, aber keiner kam langfristig. Würde Gott die Augen der Menschen in Osinowy Mys für seine Liebe öffnen?

Galinas Sommerküche

Galina Michailowna, der David Walker seinerzeit im Holzkontor begegnet war, empfängt mich in ihrer Sommerküche.

Fast jeder Haushalt hat zusätzlich zu der meist kleinen
Küche im Haupthaus noch eine solche Sommerküche in einer separaten Hütte. Die Wohnhäuser aus Holz sind so
klein, dass die Sommerküche als Ausweichmöglichkeit
dient. Zum anderen wird dort in der warmen Jahreszeit
Obst und Gemüse eingekocht, damit die dadurch angezoge-
nen Mücken nicht im ganzen Haus herumschwirren und es
nicht überall nach Essen riecht. Die 57-jährige Galina ver-
wöhnt mich mit *Blintschikis*, hauchdünnen Pfannkuchen.
Ich tunke sie in das leckere, süßsäuerliche Preiselbeergelee
ein, das sie mir auf den Tisch gestellt hat.

Dann beginnt Galina zu erzählen …

»Sascha ist für mich kein Mensch mehr!«

Ihr Sohn Sascha war sportlich und liebte es, bei Walkers Basketball und Volleyball zu spielen. Zudem nahm Sascha an einem Gitarrenkurs teil, den der Missionar anbot. Sascha interessierte sich auch für Sprachen. Bei Familie Walker konnte er seine Englischkenntnisse verbessern. Galina war der sprachliche Aspekt zwar willkommen, doch sie wollte nicht, dass die Amerikaner ihren Sohn in religiöser Hinsicht beeinflussten. Ihr waren diesbezüglich so manche Gerüchte zu Ohren gekommen. Sie hatte Angst, dass der christliche Einfluss Sascha schaden könne. Sie wollte ihn davor bewahren, sich seine Zukunft zu verbauen.

Sascha und Walkers Sohn Justus freundeten sich immer mehr an und trafen sich häufig. Im Sommer machten sie gemeinsam den Wald unsicher, sie gingen schwimmen und angeln am Fluss, im Winter fuhren sie gemeinsam Ski. Sascha ging so oft wie möglich zu Walkers. Ihm gefiel es in der Familie gut. Er genoss den Frieden und die Liebe. Eine solch angenehme und gemütliche Atmosphäre war er zu Hause nicht gewohnt.

Bei seinen Eltern herrschte ein rauerer Umgangston. Einmal sagte der Junge zu seiner Mutter Galina: »Ich will schon gar nicht mehr heimkommen, weil es hier ständig Krach gibt!« Sie war entsetzt und reagierte aufbrausend. Wie konnte er so etwas behaupten? Schließlich war sie doch eine gute Mutter! – Oder etwa nicht?

Sascha fühlte sich hin- und hergerissen. Je mehr Zeit er mit Walkers verbrachte, umso stärker spürte er, dass er eine Entscheidung treffen musste. Sollte er sich auf ein Leben mit Gott einlassen? Er wünschte sich solch eine lebendige Beziehung zu Gott, wie seine neuen Freunde sie hatten. Auf der anderen Seite waren noch seine Freunde von der Schule. Würden sie sich dann von ihm abwenden? Er war doch so beliebt. Wie sollte er sich entscheiden? Was war ihm mehr wert, Gott oder die Menschen?

Walkers übten keinerlei Druck auf ihn aus, sie nahmen ihn einfach herzlich mit in ihren Alltag hinein. In Saschas Innerem rumorte es. Im August 1995 blieb er ein paar Tage von Familie Walker fern, weil er die Spannung nicht mehr aushielt. David kam zu ihm nach Hause, um sich zu erkundigen, was los sei. Als Sascha David auf ihr Haus zukommen sah, rief er Galina zu: »Mama, sag ihm, dass ich nicht da bin!« Flugs war er um die Ecke im Gemüsegarten verschwunden. »Sascha ist nicht zu Hause«, log Galina dem Missionar ins Gesicht. David ging also wieder, ohne mit dem Jungen gesprochen zu haben.

»Oh, ich habe Sascha damals vor dir versteckt«, lachte Galina viele Jahre später. David stimmte in ihr Lachen mit ein: »Ich weiß, ich weiß, ich hab ihn wegflitzen sehen ...«

Sascha zog es weiterhin zu Familie Walker. Nach zwei bis drei Tagen war er wieder regelmäßig bei ihnen. Im November desselben Jahres wusste Sascha klar, was ihm wichtiger war: Ganz bewusst sagte er Ja zu Gott.

Er kam nach Hause und erzählte seiner Mutter, dass er Christ geworden sei. Galina fiel aus allen Wolken, dass ihr Sohn sich der »Sekte« der Amerikaner angeschlossen hatte. Wie konnte das nur passieren? Sie hatte ihn doch so sehr gewarnt! Wie konnte er eine solche Schande über ihre Familie bringen? Sie hatte das Gefühl, ihren Sohn verloren zu haben, und war außer sich. Hatte sie nicht genug aufgepasst? Beschämt verbarg sie es lange Zeit vor dem Vater. Als dieser es schließlich doch erfuhr, grenzte er sich völlig von seinem Sohn ab: »Sascha ist für mich kein Mensch mehr! Mir wäre es lieber, er wäre drogenabhängig, als dass er nun Christ ist!«

Der elfjährige Sascha war der Allererste aus Osinowy Mys, der sich so bewusst für ein Leben mit Jesus Christus entschied.

Eis in der Sauna

Besonders liebe ich Samstage, denn da ist *Banja*-Abend. Auf fast jedem Grundstück steht zusätzlich zum Hauptgebäude, dem Schuppen, den Ställen und dem Plumpsklo noch eine kleine Holzhütte, die *Banja*, eine Art Sauna. In dieser Hütte wird den Nachmittag über ein Ofen eingeheizt. Alle paar Stunden legt man Holz nach und schürt das Feuer, bis es dann am Abend richtig knackig heiß ist.

In vollen Zügen genieße ich es, in dieser Sauna auf einer Holzliege zu entspannen. Die brennenden Scheite knistern, und der Ofen bollert manchmal. Durch einen kleinen Spalt ist die leuchtendrote Glut zu sehen. Tief sauge ich den Geruch von Holz und Birkenblättern ein.

An meinem Kopfende liegt in einer Schüssel mit heißem Wasser eine Birkenrute. Ich hole sie heraus und lasse sie etwas abkühlen, damit klopft man sich den Körper ab. Das tut nicht weh, es ist wie eine wohltuende Massage, um die Durchblutung zu fördern. Anschließend gieße ich das Wasser, in dem die Birkenrute lag, über mich. Das soll sehr gesund sein. Es zischt und dampft, als ich noch eine Kelle gegen den Ofen schütte, um mehr einzuheizen. Vorsichtig schöpfe ich kochendheißes Wasser aus dem Blechbottich am Ofen. In einer Schüssel mische ich es mit kaltem Nass aus einem Eimer. Mit einer Stielkelle dusche ich mich. So duschen alle Leute hier. Nur einmal verbrauche ich nicht das ganze Wasser. Es ist eingefroren. Ich muss darüber schmunzeln: Eis in der Sauna. So etwas passiert wirklich nur in Sibirien!

Nach dieser zünftigen Duschprozedur fühle ich mich wie neugeboren. Wie gut es tut, bis auf die Poren sauber zu sein. »S ljochkim parom!«, begrüßt Katja mich, als ich zurück ins Haus komme. Das heißt so viel wie: »Mit leichtem Dampf.« Ziehe ich etwa Dunstschwaden wie eine Lokomotive hinter mir her? Mit »Spasibo« (Danke) antworte ich auf diese Redewendung, die man jedes Mal hört, wenn jemand aus der Banja kommt.

Pascha ist ein Mann der Tat

Auch Familie Walker wurde bereits bald nach ihrer Ankunft im Dorf mit der Sauna vertraut. Eine der ersten Familien, bei denen Walkers in die Banja eingeladen wurde, war Paschas. Pascha war ein weiterer Junge, der ebenfalls mit den Missionarskindern befreundet war. Immer wieder trafen sich die beiden Familien.

Obwohl die Dorfbewohner den Amerikanern gegenüber skeptisch waren, luden sie sie dennoch herzlich ein. Gastfreundschaft auszuleben war für sie nicht damit gleichzusetzen, den Gästen auch Vertrauen zu schenken und sie zu akzeptieren. Für sie stellte es keinen Widerspruch dar, ihnen einerseits ihre Häuser zu öffnen, aber ihnen andererseits mit Vorbehalten zu begegnen. Bei Paschas Familie erlebten Walkers auch zum ersten Mal eine richtige russische Silvesternacht mit. Zu diesem Fest fanden sich vier Familien ein. Mit Schrecken erlebten Walkers, wie viel Alkohol in der Nacht von Silvester auf Neujahr getrunken wurde und was das für Auswirkungen hatte.

Mit der Zeit wuchs Vertrauen zwischen der russischen und der amerikanischen Familie. Paschas Mutter Tanja Wladimirowna kam mit zum Gottesdienst. Später begleitete ihr Sohn sie. In der nächsten Zeit hörte er viel von Gott.

1996 bis 1998 führten Walkers mit einheimischen Mitarbeitern aus der Umgebung mehrere Sommer-Ferienlager in Krasnojarsk durch. Diese Camps fanden regen Anklang. Denn zu Sowjetzeiten waren sämtliche Kinder während der Sommermonate auf Ferienlager geschickt worden. Nach dem Zusammenbruch des Kommunismus fielen viele dieser Sommeraktivitäten weg. Die Familien waren froh, dass es kostenlose christliche Freizeiten gab, zu denen sie ihre Kinder schicken konnten. Je 60 bis 80 Kinder aus der Umgebung nahmen an diesen Ferienlagern teil, die Kosten wurden durch Sponsorenprogramme getragen.

Bei einem dieser Ferienlager, 1997, war Pascha von der guten Gemeinschaft und den freundlichen Mitarbeitern so angetan, dass er ganze Sache mit Gott machte. Ein Jahr später bei der nächsten Freizeit ließ er sich taufen, um sich auch öffentlich zu seinem Glauben an Jesus Christus zu bekennen.

Pascha ist kein Mann großer Worte. Heute lebt er in Krasnojarsk, wo er sich in einer christlichen Gemeinde sehr engagiert. Im Gemeindeverband bringt er sich auch überregional mit seinen hervorragenden Computerkenntnissen beim Erstellen von 3D-Animationen und Videoclips ein. Sein Leben als Christ ist ein Vorbild für viele.

Rotkäppchen, der Wolf und fliegende Babotschkas

»Setz dich richtig hin!« Auch wenn es etwas streng klingt, weiß ich, dass Tamara es lieb meint. Erst saß ich noch seitlich auf meinem Stuhl am kleinen Tisch unter ihrem Küchenfenster, so als sei ich auf dem Sprung. Tamara freut sich, als sie merkt, dass ich mich »ordentlich« hinsetze und ihr damit signalisiere, dass ich angekommen bin.

Auf der farbenfrohen Plastiktischdecke ist kaum Platz – so viel hat Tamara aufgetischt. Zumal auch noch 15 quadratische Blumentöpfe mit Paprika-Pflänzchen auf dem Tisch stehen. Obwohl frisches Gemüse im Winter teuer ist, hat sie extra welches gekauft und uns einen Salat aus Gurken, Tomaten und Paprika zubereitet. Wir essen ihn gemeinsam aus einer Schüssel mit Blumenmuster. Ich mag das, drückt es doch irgendwie Verbundenheit aus.

Auf einem grün gepunkteten Teller mit Goldrand hat Tamara liebevoll ein paar fettige Wurstscheiben zurechtgelegt. Ich bin froh, dass es bei ihr aromatischen, selbst gemachten Pfefferminztee gibt; bei all dem Schwarztee, den ich ständig trinke. Wie in Russland üblich, gießt sie zunächst aus einem Kännchen sehr stark aufgebrühten Tee ein und füllt die Tassen dann mit heißem Wasser aus ihrem hellgrünen Wasserkocher auf. Lecker, es gibt auch *Sefir*, Baiser, mit Schokolade überzogen. Da haben Tamara und ich wohl eine gemeinsame Vorliebe.

Tamara ist eine gute Zuhörerin und sagt nicht viel. Doch wenn sie etwas von sich gibt, hat es Hand und Fuß. Sie ist wirklich eine weise Babuschka. Es lohnt sich, sie um Rat zu fragen. Immer wieder überrascht sie mich. Dann lerne ich Seiten an ihr kennen, die ich überhaupt nicht erwartet hätte.

Als ich sie frage, ob ich ihre Kleidung beschreiben dürfe – meistens trägt sie ein schlichtes blau-rot kariertes Kleid, dunkelbraune Strümpfe und Leggins –, meint sie erstaunt: »Aber natürlich! Schreibe einfach, dass ich zeitgemäß gekleidet bin, da ist doch nichts dabei. Wenn ich bauchfrei und im Minirock rumlaufen würde, wäre das vielleicht peinlich. Aber ich bin doch gut angezogen.« Zu meiner Überraschung gefällt ihr auch ein Liebesfilm für Teenager so gut, dass sie ihn sich immer wieder anschaut.

Tamaras Fototapete ist ein echter Blickfang. Es wundert mich, dass diese ältere, sonst so seriöse Dame eine ganze Wand mit einer in kindlichem Stil gemalten Rotkäppchentapete verziert hat. Ich spreche Tamara auf ihre Märchenlandschaft an. Da strahlt sie übers ganze Gesicht und ihre Silberzähne funkeln. »Ja, es ist so dunkel in meiner Küche.« Das Fenster blickt auf die Nordseite hinaus, außerdem verdecken Häuser die Sicht. Tamara erklärt: »Diese Landschaft vermittelt ein Gefühl von Weite, als ginge meine enge Küche weit in die Natur hinaus. Alles sieht so hell und freundlich aus.« Ich staune, sogar der Wolf hat einen fröhlichen, freundlichen Gesichtsausdruck. »Die Farben sind so schön hell und kräftig.« Tamaras tiefbraune Augen leuchten.

Tamara überrascht mich manchmal

Als ich die Schmetterlinge auf dem Bild näher

63

betrachte, fällt mir auf, dass *Babotschka* (Schmetterling) ähnlich wie *Babuschka* klingt. Wir lachen über den Gedanken, ob *Babotschkas* wohl fliegende *Babuschkas* seien, bevor wir von früheren Tagen reden …

Die Gerüchteküche brodelt ...

»Habt ihr's schon gehört: Die Amerikaner bringen Kinderopfer!« »Ja, und sie sollen auch Organe verkaufen.« Im Dorf kursierten die wildesten Geschichten über die Fremden. Außerdem war das Gerücht im Umlauf, David Walker hätte den Friedhof gekauft, um dort Knochen auszugraben. Doch Tamara schenkte dem Geschwätz über die Amerikaner von vornherein keinerlei Beachtung. In ihren Augen lebten diese Leute nun bei ihnen, und das genügte ihr. Was interessierte sie das Getratsche der Leute?

Aufgrund ihres Hüftleidens und harter Fabrikarbeit in jungen Jahren hatte Tamara große Probleme mit ihrem rechten Bein. Als gelernte Dreherin hatte sie jahrelang Werkzeuge und Schrauben für Traktoren und Autos hergestellt. Im Alter machte sich das nun bemerkbar. Sie hörte, dass viele zu einem Heiler gingen. Ob er ihr wohl durch Akupunktur helfen könne? Doch es brachte nichts. Enttäuscht musste sie der Tatsache ins Auge sehen, dass ihr Hüftleiden unheilbar war.

Aber nicht nur ihr Bein machte ihr zu schaffen. Sie fühlte sich oft einsam und unglücklich. Ihr fehlte die Freude. Das Verhältnis zu ihren Verwandten war oft schwierig und angespannt. Wo sie auch suchte – wirklich helfen konnte ihr niemand.

Im Januar 1997 kam eine christliche Jugendgruppe nach Osinowy Mys, um im Clubhaus ein Konzert abzuhalten. Tamara hörte, dass sich darunter Letten befanden, für sie ein Hoffnungsschimmer. Konnte sie von diesen jungen Leuten etwas über ihre Herkunft erfahren? Laut ihres Ausweises stammte sie vermutlich aus Lettland. Wo genau sie geboren worden war, wusste sie nicht. Nach den Kriegswirren war ihre Familie evakuiert worden. An ihren Vater konnte Tamara sich nicht mehr erinnern. Als ihre Mutter starb, war sie erst sechs Jahre alt. Sie, ihre Schwester Maria und ihr Bruder Olgert wurden in einem Kinderheim in Tscherdyn untergebracht, einer westlich des Uralgebirges in der Permer Region gelegenen Kleinstadt. Später zog sie nach Osinowy Mys.

1997 ging Tamara also mit einer Freundin zum Clubhaus in der Ortsmitte. Vor dem Eingang überlegte die Freundin es sich jedoch noch einmal anders und machte kehrt. Tamara ging trotzdem hinein. Das Konzert begann. Ein betrunkener junger Mann versuchte, Unruhe zu stiften. Immer wieder schrie er dazwischen, riss lautstark Witze und machte sich über die jungen Christen lustig. Trotzdem genoss Tamara den Abend. Besonders beeindruckt war sie davon, dass einheimische Jugendliche aus Osinowy Mys, darunter auch Sascha und Pascha, bei einem kleinen Theaterstück mitspielten.

Im Anschluss an das Konzert ging Tamara auf eine Frau namens Katherin zu, deren fröhliches Lächeln ihr aufgefallen war. Sie bedankte sich bei ihr für das Konzert und sagte, dass es ihr gefallen habe. So kamen sie ins Gespräch.

Was Katherin ihr erklärte, hatte sie zum Teil schon einmal gehört. Drei Jahre zuvor hatte sie von einem Chinesen eine kleine Gideon-Bibel[5] geschenkt bekommen. Eine Aussage Katherins ging ihr wirklich zu Herzen: dass Gott sie liebt. Sie weinte: »Jemand liebt mich!« Echte Liebe hatte sie nie erfahren. »Mit einem Mal erfüllte eine nie gekannte Freude mein Herz«, erzählt sie mir mit Tränen in den Augen. Plötzlich empfand sie Liebe für all die anderen. Ihr war,

---

[5] Bei den Gideons handelt es sich um eine internationale Vereinigung evangelischer Geschäftsleute und Akademiker, die weltweit kostenlos Bibeln (häufig Taschenbibeln: Neues Testament, Psalmen und Sprüche) auslegen oder verteilen.

als fließe sie geradezu über vor Freude und Liebe. Über ihre Herkunft erfuhr sie an diesem Abend zwar nichts, doch für sie begann ein neues Leben mit Gott, und das bedeutete ihr weit mehr.

In den darauf folgenden Tagen besuchte Katherin Tamara. Aber nur einmal, weil bei ihr zu Hause etwas passiert war. Sie musste unverzüglich nach Lettland zurück. Tamara glaubt fest, dass Gott Katherin extra für sie nach Osinowy Mys hat kommen lassen, damit sich die beiden begegnen konnten. Zwei andere junge Frauen brachten Tamara eine Bibel, erzählten ihr noch mehr von Gottes Liebe und beteten mit ihr. Beim Lesen der Bibel merkte Tamara, dass sie alle Zehn Gebote übertreten hatte – nicht nur eines davon, sondern tatsächlich alle. Es berührte sie, dass Gott sie trotzdem liebte.

Auch Missionarin June kam zu ihr zu Besuch. Tamara hatte Angst, was die anderen Dorfbewohner wohl dazu sagen würden, dass sie nun Christin war. Trotzdem begann sie, regelmäßig die kleinen Gottesdienste in Familie Walkers Wohnzimmer zu besuchen.

Es waren wirklich alle aus ihrer Familie gegen ihren neuen Glauben. Besonders deutlich kam das bei Tamaras Geburtstag am 18. März desselben Jahres zum Ausdruck. Sie wollte nicht mehr, dass sich alle, wie üblich, betrinken. Sie kaufte keinen Alkohol. Leider brachte ihre Familie einfach selbst die entsprechenden Getränke mit. So wurde gegen Tamaras Willen gesoffen, es kam zum Konflikt. Als alle gegangen waren, fühlte sich Tamara miserabel. Sie irrte durch die Straßen. Dabei spürte sie, wie Gott sie innerlich zur Ruhe kommen ließ. Sie wollte weiterhin an ihn glauben. Doch sie war hin- und hergerissen. Sie musste sich entscheiden: Wollte sie ungeachtet der Meinung ihrer Angehörigen Gott treu bleiben oder es ihrer Familie recht machen?

Mittwochs führte June Walker an der Schule einen Bibelkreis durch, wobei sie von ihrer Tochter Mycah übersetzt wurde. Das Mädchen konnte besser Russisch als ihre Mum. Tamara sagte zu den beiden, dass sie den Eindruck habe, bei ihr sei es, wie bei dem felsigen Boden im Gleichnis vom Sämann[6]. Wie die Saat im Gleichnis anfangs schnell wuchs, dann aber verdorrte, weil sie keine tiefen Wurzeln hatte, sei sie anfangs zwar voller Freude gewesen. Doch nun, wo es zu Problemen komme, habe sie Zweifel. Tamara meinte, es sei wohl das letzte Mal, dass sie zum Bibelkreis käme. Mycah fragte von sich aus zurück: »Erinnern Sie sich noch daran, welche Freude Sie am Anfang gespürt haben, als Jesus in Ihr Herz kam?« Oh, ja, daran konnte Tamara sich noch gut erinnern. Und diese Freude wollte sie sich bewahren! Das Mädchen überzeugte Tamara. Sie besuchte weiterhin die christlichen Veranstaltungen – obwohl andere schlecht über sie redeten.

Manchmal kam sie sich in der neuen christlichen Gemeinde komisch vor. Denn neben Sascha, Pascha und einer weiteren Jugendlichen war sie die einzige ältere Person. Dennoch blieb sie bis zum heutigen Tag treu dabei.

Tamara ist Gott dankbar, dass er ihr Freude geschenkt, »Licht« in ihr Herz gebracht und ihr einen Sinn im Leben gegeben hat. Sie sagt, wann immer sie etwas auf dem Herzen habe, könne sie in die Gemeinde gehen, die für sie wie eine Familie ist. Ich schätze Tamara sehr. Ihre Weisheit und Bibelkenntnis beeindrucken mich. Was die Bibel angeht, suchen andere aus der Gemeinde gerne Antworten bei ihr. Ihre tiefe Beziehung zu Gott spürt man ihr ab.

---

[6] Matthäus 13,20f.

Haus der Geborgenheit

Es ist nicht einfach, einen Termin mit Olga Alexejewna zu finden. Fast immer ist sie auf Achse – nur teilweise geschäftlich, oft auch, um anderen von Jesus weiterzuerzählen. Nachdem wir etliche Male versucht haben, uns zu treffen, es aber nie geklappt hat, schreibt sie einen Brief mit ihrer Lebensgeschichte. Schließlich kommt doch noch ein Treffen zustande.

Wir sitzen zusammen in der Küche des Gemeindehauses. Inzwischen hat die neue Gemeinde nämlich das ehemalige Clubgebäude am Fluss gekauft. Früher hatte man an diesem dunklen Ort über das Schicksal der nach Sibirien Verbannten entschieden, heute strahlt es Geborgenheit aus. Ich leide manchmal darunter, wie dunkel es in den Herzen und Beziehungen der Menschen in Sibirien aussehen kann – so viel Not und Lieblosigkeit. Doch in dieser Gemeinde wird mir Gottes Liebe ganz neu bewusst.

Das christliche Gemeindehaus, ein Ort der Geborgenheit

Kommt man herein, steht man gleich in der Küche, mittendrin im Geschehen. In einem Regal liegen lauter *Tapotschki* (Hausschuhe): große, kleine, bunte, schwarze, aus Plastik und Stoff. Jeder kann sich einfach welche aussuchen, die ihm passen. Kunterbunte Topfdeckel sind zum Trocknen zwischen die Heizungsrohre geklemmt, auf dem Herd pfeift ein Teekessel. Mit ihren nostalgischen weißen Vorhängen mit hellblauer Borte, dem Bullerofen und der harten, gemütlichen Holzbank wirkt es auf mich wie eine Bilderbuch-Küche. Wer wohl schon alles auf dieser Bank gesessen hat?

Jetzt sitzen jedenfalls Olga, die grünbraune Augen und kastanienfarbenes Haar hat, und ich hier. Olga ist oft in der Gemeinde; sie fühlt sich hier zu Hause und sprudelt über von ihrem Erleben mit Gott. Ich mag ihr zahnloses Lachen, wenn sie sich von Herzen kindlich über etwas freut ...

Feuer und Flamme

Olga ist Versicherungsvertreterin. Sie kam bei Tamara vorbei und wollte auch ihr eine Lebensversicherung verkaufen. Tamara entgegnete jedoch, dass sie keine benötige, da sie nun an Gott glaubte, der ihr Leben in der Hand halte und ihr helfe. Tamara lud Olga zum Gottesdienst ein.

In ihrem Brief berichtet Olga: »43 Jahre lang kannte ich Gott nicht, doch er kam auf wunderbare Weise in mein Leben.« Früher sei sie voller Träume gewesen. Sie wollte studieren und wünschte sich eine gute Arbeitsstelle und eine eigene Familie. Zuerst sah auch alles ganz gut aus. Sie ging an die Uni, studierte und wurde später Sportlehrerin in Osinowy Mys. Besonders machte es ihr Spaß, mit ihren Schülern Langlaufen zu üben. Olga heiratete und bekam drei Kinder.

Aber dann begann alles zusammenzubrechen. Nach sechs Jahren verlor sie ihre Arbeitsstelle. Eine Enttäuschung folgte der nächsten. Es kam zur Scheidung, plötzlich stand sie mit ihren drei Kindern alleine da. All ihre Träume waren zerbrochen, sie stand vor einem Scherbenhaufen.

Olga zog zu ihrer Mutter ins Altaigebirge. Auch dort fand sie keine Arbeitsstelle als Sportlehrerin. Um sich über Wasser zu halten, arbeitete sie als Versicherungsvertreterin, aber das war auch nicht so das Wahre. Die Kommentare ihrer Mutter machten es nur noch schlimmer: »Du kannst nichts! Bei dir wird das eh nichts!« Olga betete in ihrer Verzweiflung zu Gott, und er half ihr.

1997 leitete sie auf einem Sommerlager für Kinder das Sportprogramm. Als sie noch klein war, hatte sie selbst gerne Freizeiten besucht. Erst freute sie sich darauf, die Teilnehmer in Gymnastik, Fußball und Leichtathletik anzuleiten. Aber dann packte sie die Angst, dass es ihr nicht gelingen würde. Worte ihrer Mutter, die sie ständig im Ohr hatte, blockierten sie. Sie hielt diese destruktiven Gedanken nicht mehr aus, ging in ihr kleines Zimmer und betete: »Herr, hilf mir bitte, dass alles gut läuft!« In ihrem Brief schreibt sie: »Ich betete einfach mit meinen eigenen Worten und nur ganz wenig, aber es war ein Schrei aus tiefster Seele. Gott antwortete sofort. Er gab mir, worum ich bat. Friede erfüllte mein Herz.« Nach dem Gebet fühlte sie sich besser und glaubte, dass es Gott tatsächlich gibt. Sie schreibt weiter: »Ich verstand, dass ich gefunden hatte, wonach ich mich mein ganzes Leben lang sehnte.«

Das Sportprogramm lief so gut, dass sie für ihr Engagement gelobt wurde und sogar die Zeitung darüber berichtete. Die Veranstalter luden sie für den nächsten Sommer wieder auf die Freizeit ein. Gerne nahm sie das Angebot an. Nach diesem zweiten Sommerlager zog sie zurück nach Osinowy Mys.

»Nach dieser Erfahrung begann ich, eine Möglichkeit zu suchen, Gott näher kennenzulernen. Wer war er? Wie sollte ich richtig beten? Ich begann, eine Kirche zu suchen«, erzählte sie. In dieser Situation befand sie sich also, als Tamara ihr von der kleinen Gemeinde in Osinowy Mys erzählte. Manches, was Tamara über die Gottesdienste erwähnte, war Olga fremd. Sie fragte, warum der gemeinsame Gesang mit Instrumenten begleitet wurde. Daraufhin las Tamara ihr Psalm 150 vor, wo es heißt:

»Halleluja! Lobt Gott in seinem Heiligtum … Lobt ihn mit dem Klang der Posaune, lobt ihn mit Harfe und mit Zither! Lobt ihn mit Tanz und Tamburin, lobt ihn mit Saiteninstrumenten und Flöten! Lobt ihn mit klingenden Zimbeln … Alles, was atmet, lobe den Herrn! Halleluja!«

Tamara erklärte Olga, dass Gott bereits zu biblischen Zeiten mit Gesang und Instrumenten angebetet wurde. Olga stellte weitere Fragen. Als schließlich alle ihre Bedenken aus dem Weg geräumt waren, kam sie – ausgerechnet an ihrem Geburtstag, dem 20.12.1998 – zum allerersten Mal mit in den Gottesdienst. An diesem Tag begann für Olga nicht nur ein neues Lebensjahr, sondern ein komplett neues Leben.

Sie schreibt über ihre Gemeindebesuche: »Ich lernte Gottes Wort, die Bibel, kennen, erkannte, dass ich eine Sünderin bin, und dass Gott mich liebt. Ich bekannte Gott alle meine Schuld und ließ mich im darauffolgenden Jahr taufen. Ich bin so froh, dass ich Gott begegnet bin. Ich habe ihm mein Leben ganz zur Verfügung gestellt. Er gab mir die Liebe, die ich brauchte, die ich jedoch nirgendwo anders gefunden hatte. Er öffnete mir die Augen für die Wahrheit und sprengte die Ketten, in denen ich gefangen war. Er brachte Licht in mein Leben …«

Weiter schreibt sie über ihre Familie: »Gott führte auch meine älteste Tochter Julia in die Gemeinde, als sie 18 Jahre alt war. Inzwischen haben sie und ihr Mann schon zwei Kinder; und sie alle leben mit Gott. Meine jüngere Tochter Anjuta kennt Gott auch, für meinen Sohn Konstantin werde ich weiterhin beten.«

Olga ist Feuer und Flamme für Jesus: »Ich bin dem Herrn dankbar und möchte allen Leuten von dem, was er für mich getan hat, erzählen. Jeder sollte erfahren, dass es Gott gibt, dass er alle Menschen liebt, dass er seinen Sohn hingab, um uns zu erlösen und ewiges Leben zu schenken. Mögen die Leute die Wahrheit erkennen und möge Gottes Licht in ihr Leben kommen, damit sie nicht bis ans Ende ihrer Tage in Dunkelheit leben.« So weit Olgas Brief.

Der Funke von Olgas Freude in Jesus sprang auf viele andere Menschen über. Ihr liegen Drogenabhängige, Kranke und ältere Menschen am Herzen. Gott rief sie schon öfter ans Sterbebett von Patienten.

Da war zum Beispiel Wladimir, der noch keine 50 Jahre

alt war, aber sehr unter Sklerose litt. Er konnte sich nicht mehr bewegen. Olga dachte, dass es mit ihm zu Ende ginge, und erzählte ihm von Gott. Auch wenn er nicht mehr imstande war zu sprechen, zuhören konnte er noch. Olga spürte, wie er das, was sie sagte, aufnahm und verstand. Sie betete mit ihm, wobei er zu weinen begann. Sie erzählte ihm davon, wie schön es bei Gott im Himmel sei, und sang ihm Lieder vor. Ein Strahlen ging über Wladimirs Gesicht. Bald darauf starb er – mit Frieden im Herzen.

Doch Olga machte auch ernüchternde Erfahrungen. *Djadja* (Onkel) Stas, ein alkoholabhängiger Rentner, hatte seine eigene Auslegung der folgenden Worte von Jesus: »Ihr werdet nicht durch das unrein, was ihr esst und trinkt; ihr werdet unrein durch das, was ihr sagt und tut.«[7] Seine persönliche Interpretation dieses Verses lautete: »Wenn das, was zum Mund hineingeht, den Menschen nicht unrein macht, dann ist mein Alkoholkonsum gerechtfertigt.« Dabei beließ er es. *Djadja* Stas wollte den Gott der Bibel nicht wirklich kennenlernen. Eines Tages fackelte er in betrunkenem Zustand sein Haus ab und verbrannte darin.

Olga stehen Tränen in den Augen, als sie mir davon erzählt.

Sie kümmerte sich auch um Kinder aus schweren Familienverhältnissen. Olga versorgte sie mit Essen, sang mit ihnen christliche Lieder und führte Kinderstunden für sie durch. Zu Weihnachten und Ostern veranstaltete sie für diese Kinder in der Gemeinde ein besonderes Programm. Es gab Geschenke, die sie froh und dankbar annahmen.

Gemeinsam mit Tamara ging Olga ein Jahr lang regelmäßig in ein Wohnheim für Bedürftige und Alkoholiker. Ungefähr 30 Leute saßen bei diesen Treffen im Speisesaal des Heims um den Tisch herum. Tamara arbeitete mit ihnen

---

[7] vgl. Matthäus 15,11.

ein Buch mit 50 Lektionen zu Abschnitten aus der Bibel durch. Olga las selbst verfasste Gedichte vor, die sie speziell ihnen gewidmet hatte.

Viele der Heimbewohner hatten Gefängnisaufenthalte hinter sich und keine Hoffnung mehr. Die meisten waren über fünfzig. Auch wenn sie sich nach außen hin hart gaben und noch kein großes Interesse an Gott und seinem Wort zeigten, gaben Tamara und Olga nicht auf.

Olga erinnert sich an Tonja, eine sehr kranke Frau dort. Sie war schon in die Gemeinde gekommen und wusste bereits vieles über den Glauben. Kurz vor ihrem Tod wandte sie sich doch noch Gott zu.

Auch ein Invalide, der nicht mehr sprechen konnte, schloss in seinen letzten Stunden noch Frieden mit Gott. Wer weiß, wer von den Heimbewohnern sonst noch das Gehörte im Stillen an sich herangelassen hat?!

Obwohl es in Olgas Leben auch viel Schweres und manche, menschlich betrachtet, fast nicht zu ertragenden Umstände gibt, brennt ihr Herz für Jesus. Dieses Feuer lässt sich offensichtlich auch durch die Widrigkeiten des Lebens nicht auslöschen.

Christos woskres!

Der herzhafte Duft von Birkenblättern zieht durchs Haus. Katja färbt Ostereier. Schon seit drei Wochen hebt sie sämtliche Eier, die ihre Hühner legen, für das bevorstehende Osterfest auf. Nun taucht sie sie in das mit Birkenblättern und Zwiebelschalen aufgekochte Wasser. Die Eier werden gelblich-orange oder rötlich-braun, je nachdem, wie lange sie im Sud schwimmen.

Danach wirbelt Katja mit Putzlappen durchs ganze Haus. Heute ist schließlich »sauberer Donnerstag« (Gründonnerstag), an dem es in Russland, vor allem in orthodoxen Kreisen, üblich ist, eine Grundreinigung vorzunehmen. In vielen Häusern werden zwei bis drei Wochen vor Ostern alle Zimmerdecken und Öfen neu getüncht, natürlich in dem für die Region so typischen Hellblau. Türen, Wände, Fenster und Schränke werden gründlich geputzt. Außerdem wird am »sauberen Donnerstag« die ganze Wäsche gewaschen, sodass an Ostern wirklich alles rein ist.

Samstag ist Backtag. *Pascha* (Pas-cha gesprochen) ist nicht nur das russische Wort für »Ostern« (von Passah), sondern bezeichnet auch eine reichhaltige, russische Osterspeise, die Quark, Butter und Rosinen enthält. *Kulitsch* ist ein weiteres typisches Ostergebäck aus Hefeteig, häufig mit Eiweißmasse bestrichen und Zuckerstreuseln verziert. In vielen Haushalten werden auch *Piroschki* (Teigtaschen) gebacken.

Stundenlang legen sich Katja und einige andere Frauen in der Gemeinde mächtig ins Zeug und kochen fleißig für den Ostersonntag vor. »Lasst uns eine Dose Mais kaufen!« »Nein, wir brauchen mindestens zwei.« Schon Tage vorher hatten die Frauen engagiert überlegt, wie viel von allem sie einkaufen würden.

Heller Kerzenschein leuchtet am Ostersonntag auf dem Frühstückstisch. Bei meiner Ankunft hatte ich Katja aus Krasnojarsk Kerzen mitgebracht. Für sie ist das so etwas Besonderes, dass sie sie nur zu feierlichen Anlässen anzündet. Wir nehmen die hart gekochten Eier und schlagen sie, wie am Ostermorgen üblich, gegeneinander. Diejenige, deren Ei heil bleibt, bekommt noch das kaputte Ei der anderen dazu. Heute esse ich wirklich viele Eier, beim Frühstück vier, in der Gemeinde drei. Kein Zweifel, ich habe die Spielregeln verstanden.

Bevor wir uns auf den Weg zur Gemeinde machen, dreht Katja mir noch die Haare ein. Schließlich putzen sich an Ostern alle, so gut sie können, raus. Außerdem leiht sie mir einen Rock aus. Ich schminke mich zwar nicht oft, aber an diesem Festtag trage ich ebenfalls Farbe auf – vielleicht etwas mehr, als ich es in Deutschland getan hätte, angepasst an die hiesigen Gepflogenheiten.

»Christos woskres!« (Der Herr ist auferstanden!) Mit dem traditionellen Ostergruß fallen wir uns in der Gemeinde gegenseitig in die Arme. »Woistinu woskres!« (Er ist wahrhaftig auferstanden!), erwidert der Gegrüßte. Nach orthodoxer Tradition ist es sogar üblich, diesen Gruß drei Mal zu wiederholen und sich dann drei Mal zu küssen. Auferstehungsfreude liegt in der Luft. Es ist zu spüren, dass dieser Gruß hier in der Gemeinde nicht nur als leere Floskel dahergesagt wird. Die Leute sind sich der Bedeutung bewusst und meinen es von Herzen.

Wir sind schon einige Stunden vor Gottesdienstbeginn da, weil wir frische Salate zubereiten. Einer der Salate heißt wörtlich übersetzt: »Hering unterm Pelzmantel.« Unter dem Überzug aus Roter Beete und Mayonnaise verbergen sich Schichten kleiner Heringsfiletstückchen, fein geriebene, gekochte Karotten und Kartoffeln, geriebene Äpfel und klein gehackte Zwiebeln. »Doch nicht so dünne Scheiben«, werde ich gerügt, als ich das Brot aufschneide. Oh ja, stimmt, in Russland werden die Brotscheiben stets dick geschnitten.

Als ich im Laden noch etwas besorge, begrüßt ein Kunde die Verkäuferin ebenfalls mit dem traditionellen Ostergruß: »Christos woskres!« Es macht mich betroffen, dass er daraufhin Wodka kauft. Leider wird in vielen Familien Ostern mit viel Alkohol »gefeiert«. Zwar nicht mit ganz so viel wie in der Neujahrsnacht, dennoch über den Durst hinaus.

Später im Gottesdienst jedoch steht die wahre Bedeutung von Ostern im Mittelpunkt: Jesus ist auferstanden. Die Gemeinde aus dem Nachbardorf Tschunojar kommt, um mit uns zusammen zu feiern. Es ist ein herzliches Miteinander. Die Tische mit Salaten und dergleichen stehen schon in der Mitte des Gottesdienstraums, weil in der Küche kein Platz mehr gewesen wäre. Wir sitzen im Kreis auf Holzbänken, bunt zusammengewürfelten Sofas, einem Schaukelstuhl und sonstigen Sitzgelegenheiten um die Speisen herum.

Die Lieder werden an diesem Sonntag so emotional gesungen, dass bei keiner Frau die Augen trocken bleiben. Mir selbst kommen auch ein paar Tränen, als mein Blick durch die Reihen wandert. Die Gemeinde in Osinowy Mys besteht aus ungefähr 20 Personen plus Kindern, aus Tschunojar sind 15 Gäste dabei. Es bewegt mich, dass Jesus für Menschen so unterschiedlicher Herkunft gestorben und auferstanden ist. Ich bin berührt davon, dass Gott dadurch unser gemeinsamer Vater ist, somit sind wir Geschwister einer großen Familie. Plötzlich springt ein kleiner Junge auf, läuft durch die Menge und ruft begeistert: »Christos woskres!« Ein Schmunzeln geht durch den Raum.

Nach einem gefühlvollen Gedicht, einer kraftvollen Pre-

digt und einer ausgiebigen Gebetsgemeinschaft rücken wir
an den brechend vollen Tisch vor und essen eng aneinander-
gedrängt all die guten Dinge, von deren Anblick uns die
ganze Zeit schon das Wasser im Mund zusammenlief. Ge-
nüssliches Schweigen und Schwelgen.

Festmahl nach dem Ostergottesdienst

Begegnung mit göttlichem Funken

Beim Teetrinken mit Nina Sinowojewna eine Weile später geht es weniger ruhig zu. Ohne Punkt und Komma plaudern wir. Obwohl sie schon um die 70 ist, wirkt Nina auf mich wie ein junges Mädchen. Nicht nur ihre zierliche Gestalt lässt sie jung erscheinen, auch ihr frisches, liebevolles Wesen. Inzwischen lebt sie in Bogutschany. Alle paar Monate kommt sie zu Besuch nach Osinowy Mys, wo sie früher lebte. Als sie ihre Runden dreht, um mit ihren Freunden Tee zu trinken, kommt sie auch bei Katja, wo ich gerade wohne, vorbei.

In ihrer schwarzen Bluse mit Rüschchen hat Nina etwas Feines, ja Elegantes an sich. Herzlich strahlt sie mich mit ihren leuchtend blauen Augen an. Ich schließe sie gleich ins Herz. Wir finden schnell eine »gemeinsame Sprache«, wie man es im Russischen ausdrückt, wenn man auf einer Wellenlänge ist. Nina hat Sinn für Ästhetik und schreibt gerne Gedichte, sie liest mir eines davon vor:

Dein Antlitz

Herr, Gott, wie groß bist du!
In deinen Geschöpfen sehe ich dein Antlitz

In der filigranen Schneeflocke
In der hauchdünnen Spinnwebe
In der bunten, zarten Blume
Im grünenden, jungen Blatt
Im fröhlich dahinströmenden Fluss

Im flüsternden Sommerbächlein
Im furchtsamen, stattlichen Hirsch
Im drohend grauen Ozean
Im Flug des Vogels am Himmel
In der summenden Biene über der Blume
Im Schmetterling, der vor mir flattert

Herr, Gott, wie groß bist du!
In allen Geschöpfen sehe ich dein Antlitz

Im grellen Aufflammen des Blitzes
In den trockenen Blättern, die rascheln
Im weiß blühenden Apfelbaum
Im lieblichen Gesang des Vogels
In des Windes stillem Wehen
In des Gotteswortes Säen

Herr, Gott, wie groß bist du!
In wirklich allem sehe ich dein Antlitz

Mein Herz ist betrübt
Dass es dich nicht widerspiegelt
In Hast ziehen meine Tage vorüber
Und sollten es doch im Dienen tun
Ich will so sehr anders werden
Aber es gelingt mir nicht

Schau, Herr, auf dein Kind
Wie unnütz und unvollkommen es ist

Herr, arbeite du in mir
Fülle du meinen Mangel aus
Gib mir deine vollkommene Freude
Und Liebe, die mit nichts zu vergleichen ist

Leg mir Sehnsucht ins Herz
In deinem Wort zu lesen
Und zu deiner Ehre zu leben
Damit ich offen dein Wort weitersage

Dann werden alle
Dein Antlitz in mir sehen!

Nina Sinowojewna

Nina plant, am nächsten Tag wieder nach Hause zu fahren, und will vorher noch viele Leute in Osinowy Mys besuchen. Aber ich möchte so gerne mehr aus ihrem Leben erfahren. Mit Katja, bei der ich wohne, bete ich dafür, dass Gott mir eine Gelegenheit dazu gibt. Am nächsten Morgen sitze ich tatsächlich zusammen mit Nina bei Tamara am Frühstückstisch. Nina erzählt, erzählt und erzählt ... Sie nimmt sich den ganzen Vormittag für mich Zeit.

Ich könnte ihr noch stundenlang zuhören, wie sie mir mit warmer, weicher Stimme ihr Leben mit Gott schildert. Ein Gedanke prägt ihr Leben: »Mellytschka, weißt du, Gott freut sich viel mehr an Herzen, die für ihn brennen, als an brennenden Kerzen in der Kirche.« Dieses brennende Herz ist ihr deutlich abzuspüren. Gott scheint uns so nah zu sein, während wir uns unterhalten. Ich freue mich, dass er mir diese »Begegnung mit göttlichem Funken« geschenkt hat.

Das hellere Licht

Region Njandoma im Gebiet Archangelsk, Nordwestrussland, 1947:

»Warum ist es so hell in unserem Zimmer?«, fragte sich Nina verwundert, als sie mitten in der Nacht aufwachte. Das sonst leere Regal neben ihrem Bett stand plötzlich voller brennender Kerzen und kleiner Bildchen. Schon manches Mal hatte sie sich gewundert, wofür dieses leere Regal wohl gedacht war. Wo kamen auf einmal all die seltsamen Sachen her? Ihre Urgroßmutter, mit der sie das Zimmer teilte, musste sie irgendwo versteckt gehalten haben.

Es war die Osternacht. Nina sah, wie ihre Uroma vor all diesen Ikonen kniete, sich bekreuzigte und betete. Für das damals siebenjährige Mädchen war es das allererste Mal, dass sie Kirchenkerzen und Ikonen sah. Die Atmosphäre in dem hell erleuchteten Zimmer mutete ihr sakral an. Nina beobachtete ihre Urgroßmutter schweigend, ohne sich bemerkbar zu machen. Erst am nächsten Morgen wagte sie es, nachzufragen, was sie da in der Nacht gemacht hatte. Die alte Frau antwortete: »Kindchen, ich habe gebetet.«

Nach diesem nächtlichen Ereignis begann die 85-Jährige, ihrer Urenkelin von Gott zu erzählen. Sie sagte, dass es Gott gibt, man ihn fürchten soll, er uns Menschen führt und dass wir von ihm abhängig sind. Sie vermittelte dem Mädchen einen festen Glauben, den sie sich ihr ganzes Leben lang bewahrte. Nina lernte das Vaterunser von ihr, und beim Verlassen des Hauses stets um Gottes Segen zu bitten. Sie verstand den Sinn zwar nicht, hatte aber den Eindruck, dass Beten ihr helfen würde. Wenn sie im Wald alleine Pilze sammelte, hatte sie jetzt keine Angst mehr, weil sie wusste, dass Gott bei ihr war.

Als sie zu den Pionieren und Komsomolsken musste, erkaltete Ninas kindlicher Glaube, weil sie dort täglich eingetrichtert bekam, dass es keinen Gott geben würde. Das ging nicht spurlos an ihr vorüber. Einerseits fragte sie sich angesichts des Religionsverbotes und der Christenverfolgung, wie man an einen Gott glauben könne. Andererseits hatte sie Angst davor, ihren Glauben zu verlieren. Sie spürte tief in ihrem Herzen, dass es Gott gibt.

Nina wurde Grundschullehrerin und heiratete 1965. Nach einem Jahr in Leningrad[8], fünf Jahren im Altai und einem weiteren Jahr im Norden Sibiriens zog sie mit ihrer Familie nach Osinowy Mys.

1990 ließ Nina sich in Lessosibirsk die Zähne richten, wo ihre Tochter Olga an der Pädagogischen Hochschule studierte. Die Tochter wusste, dass Nina auf der Suche nach Gott war. Sie lud sie ein: »Mama, heute hält ein Prediger bei uns eine Vorlesung. Willst du kommen?« Ohne zu zögern, sagte Nina ja.

Genadi Fast, ein russlanddeutscher, orthodoxer Geistlicher, ganz in Schwarz gekleidet, hielt die Vorlesung. Nie zuvor hatte Nina etwas über die Bibel gehört. Ihre Urgroßmutter hatte zwar gebetet, doch in der Heiligen Schrift hatte sie, soweit Nina sich erinnerte, nicht gelesen. Nina hörte dem Priester, einem Mann um die Vierzig, aufmerksam zu. Genadi Fast erzählte, wie Gott mit Gewittertosen auf den Berg Sinai herabgekommen war und Mose die Zehn Gebote gegeben hatte.[9] Nina war sehr angesprochen von der Aussage, dass die erste Hälfte der Gebote von der Liebe zu Gott handelt und die zweite Hälfte von der Liebe zu den Mitmenschen. Sie schrieb alles mit und malte das Tafelbild mit den Geboten fein säuberlich ab.

---

[8] Heute St.-Petersburg.
[9] Siehe 2. Mose 19+20.

In Osinowy Mys gibt es bis heute keine orthodoxe Kirche. Deshalb besuchte Nina neun Jahre lang stets, wenn sie in größere Städte kam, die Gottesdienste dort. Am Eingang der pompösen Kirchen kaufte sie, wie bei den orthodoxen Christen üblich, für teures Geld zwei Zettel. Auf den einen schrieb sie die Namen von Kranken, für die sie Hilfe erbat, und auf den anderen die Namen Verstorbener, für die sie beten wollte. Diese Zettel gab sie den Priestern.

Eines Tages überkamen sie Zweifel: Was wäre, wenn sie es sich aufgrund von Armut nicht mehr leisten könnte, Gebetszettel zu kaufen. Sie fand es ungerecht, dass Arme weniger beten konnten als andere. Einmal verließ sie mitten während der Predigt den Gottesdienst in Njandoma. Sie konnte es sich selbst nicht recht erklären, warum sie sich plötzlich so unwohl und fremd fühlte. In ihrem Herzen beschloss sie, nicht mehr in die orthodoxe Kirche zu gehen. Ein Jahr lang gehörte sie keiner Kirche an und las auch nicht in der Bibel. Innerlich blieb sie auf der Suche. Nina betete zu Gott: »Lass mich dich finden!«

1995 erfuhr sie, dass in Osinowy Mys eine christliche Gemeinde entstanden war. Nina wurde neugierig und wollte sich das einmal genauer ansehen. Ihr Vater war kurz zuvor verstorben. Wie sie es von der orthodoxen Kirche her gewohnt war, brachte Nina zum Gedenken an den Toten *Kutja* mit in den Gottesdienst. Dieses aus Reis und Rosinen zubereitete Gericht soll unter anderem Unsterblichkeit symbolisieren. Sie bat die Christen, für ihren Vater zu beten. Zu ihrer großen Verwunderung beteten sie statt für den Verstorbenen für Nina selbst. Sie baten Gott, dass er ihr beistehe und sie tröste. Das war für sie eine völlig ungewohnte Erfahrung. Sie kam noch zwei oder drei Mal in die Gemeinde. Dann kam es zu Meinungsverschiedenheiten. Jemand sagte etwas, das Nina verletzte. Daraufhin blieb sie dem Gottesdienst fern.

Nina pflegte damals ihre kranke Mutter. Missionarin June Walker lud sie mehrmals zu sich ein. Stets sagte Nina mit der Begründung ab, dass sie keine Zeit habe. Die Pflege der Mutter zehrte an ihren Kräften und nahm sie vollkommen in Beschlag.

Eines Tages im Sommer 1999 wusch sie in der Banja per Hand mit dem Waschbrett die Kleider ihrer Mutter. Da überkam es sie. Nina begann zu weinen. Wo war bloß ihre einstige Lebensfreude geblieben? So konnte sie sich ihr Leben nicht mehr länger vorstellen. Als sie all ihren Kummer herausgelassen hatte, sagte sie zu Gott: »Wenn du es willst, will ich diese Situation annehmen.« Das war für sie ein Wendepunkt. Sie fand innere Ruhe, und außerdem begann Gott, ihre Situation zu verändern. Ihre Mutter kam bei ihrem Bruder zur Pflege unter.

Diese Erfahrung stärkte Ninas Glauben an Gott. Ihre einstige Gottesfurcht verwandelte sich in Liebe zu Jesus. Sie sehnte sich nach Gemeinschaft mit anderen Christen. Die wachsende christliche Gemeinde in Osinowy Mys hatte inzwischen ein Auto, den russlandtypischen khakifarbenen Kleinbus. Sie setzten ihn für Fahrdienste ein. Brauchte jemand etwas aus der Stadt, konnte er sich an die Christen wenden und wurde mitgenommen. Das nahm Nina gerne in Anspruch, als sie eines Tages eine Mitfahrgelegenheit nach Bogutschany ins Krankenhaus benötigte.

Vor der Gemeinde traf sie einen Mann beim Streichen der Haustür an, Tamara und Olga waren auch da. Der Mann fragte Nina ganz direkt: »Sind Sie gläubig?« »Ja, orthodox.« Er hakte nach: »Sind Sie sicher, dass Sie gerettet sind?« Nina entgegnete: »Woher soll ich das denn wissen? Ich will doch nur nach Bogutschany fahren.« Olga und Tamara ließen nicht locker: »Wir erzählen hier über Gott und darüber, wie er uns retten kann. Kommen Sie doch nächste Woche in unseren Gottesdienst!«

Als Nina mir das erzählt, denke ich: »Hui, können Russen direkt sein!« Später stelle ich fest, dass dies auch in anderen Lebensgeschichten und -bereichen zum Ausdruck kommt.

Überzeugt durch die Hilfsbereitschaft der Christen, die sie kostenlos in die Stadt ins Krankenhaus gefahren hatten, kam Nina von nun an regelmäßig in die Gottesdienste. Sie erfuhr mehr über den rettenden Glauben an Jesus Christus. Ihr wurde klar, dass Gott sich mehr über ihr brennendes Herz für Jesus als über entzündete Kerzen in Kirchen freut. Von nun an wollte sie all ihren Freunden von Gottes Liebe erzählen.

Ein Chirurg, der an Wunder glaubt

Nina saß vor ihrem Mittagessen und bekam keinen einzigen Bissen herunter. Was war bloß mit ihr los? Dabei hatte sie nach der anstrengenden Arbeit doch zunächst solchen Hunger gehabt. Den ganzen Vormittag hatte sie mit Galina, einer guten Freundin, im Garten gearbeitet. 70 Eimer Erde hatte sie geschleppt – sie hatte mitgezählt. Dabei hatte ihr nichts wehgetan.

Zwei Monate zuvor, im März 2004, war Nina gestürzt. Der Arzt, an den sie sich wandte, verschrieb ihr, statt sie gründlich zu untersuchen, einfach Herztropfen. Aber nun kamen die Schmerzen mit voller Wucht zurück. Nina legte sich aufs Sofa. Doch die Schmerzen waren unerträglich. Sie ging, ohne sich umzuziehen, in ihrer dreckigen Gartenkleidung hinaus auf die Straße. Sie musste so schnell wie möglich ins Krankenhaus. Am Wegrand entdeckte sie einen Kleinbus. Sie kannte den Fahrer nicht, doch das war ihr in diesem Moment völlig egal. Sie bat ihn, sie ins Krankenhaus zu fahren, was dieser auch tat.

Im Krankenhaus angekommen, schaffte sie es noch, dass man Galina Bescheid gab. Kaum hatte sie das arrangiert, wurde sie mit dem Krankenwagen in die 40 Kilometer entfernte Tschunojarer Klinik gebracht. Weil Wochenende war, hatte kein Arzt Dienst. Nina lag zwei volle Tage, vor Schmerzen nicht ganz bei Bewusstsein, im Krankenhaus in Tschunojar. Als eine Pflegerin am Sonntag erkannte, dass Nina sich in Lebensgefahr befand, rief sie endlich den Chirurgen herbei. Der erfasste die kritische Lage sofort und ließ die Patientin weiter nach Bogutschany verlegen. Weitere drei Stunden Fahrt über holprige Straßen.

Wäre sie dort nur 15 Minuten später eingetroffen, hätte sie es nicht überlebt, teilte man ihr später mit. In den Phasen, in denen sie bei Bewusstsein war, verspürte sie merkwürdigerweise die ganze Zeit über eine Freude, die nur von Gott kommen konnte.

Die Ursache ihrer Schmerzen war ihre Bauchspeicheldrüse, die bei dem Sturz gerissen war, nicht das Herz. Das Gewebe war bereits am Absterben und es hatte sich Eiter angesammelt. Die Ärzte gingen davon aus, dass Nina sterben würde.

Sonntagabend rief Galina im Krankenhaus an und fragte: »Wie geht es meiner Schwester?«, womit sie ihre Glaubensschwester meinte. Das Krankenhauspersonal wunderte sich: »Schwester?« Da Nina ohne Tasche oder Papiere und in verschmutzter Gartenkleidung eingeliefert worden war, gingen sie zuerst davon aus, dass es sich bei ihr um eine Obdachlose handelte. Keiner hatte damit gerechnet, dass sich irgendwelche Angehörigen melden könnten. Galinas Anruf rettete Nina das Leben. Sie wurde endlich operiert.

Acht Tage lang schwebte Nina zwischen Leben und Tod. Die ganze Zeit über spürte sie jedoch, dass Jesus ihr ganz nah war. Die Gemeinden in Osinowy Mys und Bogutschany beteten intensiv für Nina. Als sie schließlich wieder zu sich kam, wachte sie mit einem Gebet im Herzen auf. Drei Monate blieb sie im Krankenhaus. Sie konnte nichts essen, und die Infusionen halfen nicht. Täglich hatte sie hohes Fieber, oft 40 Grad.

Am 25. August war sie zum ersten Mal fieberfrei. Eine Woche später wurde sie entlassen, völlig abgemagert, eher ein Skelett als eine Frau. Sie wog nur noch 35 Kilo und war zu schwach, um sich auf den Beinen zu halten. Aufgrund von Calciummangel hatte sie sogar Haare und ein paar Zähne verloren. Es dauerte acht Monate, bis sie wieder ganz zu Kräften kam. Für den Chirurgen war es ein Wunder, dass sie die Operation überlebt hatte, obwohl die Bauchspeicheldrüse schon weitgehend abgestorben war. So etwas hatte er noch nie erlebt. Gott hatte Nina aus Todesgefahr gerettet.

Entdeckung im Fotoalbum

Als ich im März 2010 das zweite Mal ins Dorf komme, wünsche ich mir sehr, auch Nina wiederzusehen. Das ist eigentlich recht unwahrscheinlich, weil sie nur selten nach Osinowy Mys kommt. Doch wieder geschieht es: sie fährt ausgerechnet während meines Aufenthalts ins Dorf, ohne dass sie gewusst hätte, dass ich gerade da war.

Wieder frühstücken wir zusammen in Tamaras schlichter, sauberer Küche. Erneut unterhalten wir uns gut über persönliche Themen. Tamara und Nina zeigen mir ein Fotoalbum, Bilder aus längst vergangenen Tagen.

Es ist interessant, wie sich die einzelnen Menschen im Laufe der Jahre verändert haben. Aber auch, was beim Alten geblieben ist. Unter anderem entdecken wir das Foto einer attraktiven Frau Mitte vierzig namens Tamara Tichonowna. Ihr hübsches Gesicht wird umrahmt von knallrot gefärbten Haaren. Mit aufrechter Haltung und selbstbewusster Ausstrahlung vermittelt sie auf dem Bild den Eindruck, mit beiden Beinen mitten im Leben zu stehen. Das blühende Leben in Person. Doch Nina und Tamara erzählen, dass sich eines Tages Folgendes zugetragen hat ...

»Wenn ich mal pensioniert bin«

Osinowy Mys, 2005:

»Wenn ich mal pensioniert bin, werde ich mich dem Glauben zuwenden«, sagte Tamara Tichonowna immer, wenn Nina ihr von Gott erzählte. Sie hörte sich zwar interessiert an, was Nina, die damals in der Schulbibliothek arbeitete, ihr sagte. Doch sie wollte nicht in die Gemeinde gehen. Es war ihr zu peinlich, sie wollte nicht mit den Christen zusammen gesehen werden. Tamara war Direktorin der Dorfschule von Osinowy Mys und gebildeter als die meisten Leute in der Gemeinde. Sie wusste aber, dass diese Gläubigen sich besser in der Bibel auskannten als sie. Sollte sie als Lehrerin von einfachen Christen gelehrt werden? Konnte sie sich so demütigen?

Nina versuchte, sie zu beruhigen, und sagte ihr: »Was den Glauben anbelangt, müssen alle, wie ein unbeschriebenes Blatt, von vorne beginnen.« Gott selbst sei der beste Lehrer. Dennoch meinte Tamara, sie wolle bis zu ihrer Pensionierung warten. Dann erst lerne sie glauben.

Leider kam es zu dieser Pensionierung nie. Bald darauf erkrankte Tamara an Leberkrebs. Ein halbes Jahr später bereits lag sie im Sterben. Nina lebte zu diesem Zeitpunkt in Tschunojar. Als sie von ihrer Tochter Olga, die Schulinspektorin war, erfuhr, wie es um Tamara stand, wollte sie diese unbedingt noch einmal besuchen. Doch das war gar nicht so einfach. Tamaras Angehörige ließen niemanden mehr zu ihr. Die ganze Nacht über konnte Nina nicht schlafen, als spräche Gott selbst zu ihr, dass sie unbedingt zu der Sterbenden fahren müsse.

Am nächsten Morgen machte sie sich unverzüglich auf. Sie wollte um sieben Uhr den einzigen Bus nach Osinowy

Mys an diesem Tag nehmen, aber der kam nicht. So versuchte sie gemeinsam mit einer Frau, die ebenfalls nach Osinowy Mys wollte, zu trampen. Sie standen, standen und standen – eine ganze Stunde lang kam kein einziges Auto. Es war kalt, sie froren. Schließlich gingen sie wieder nach Hause. Nina brachte den ganzen Tag über nichts auf die Reihe. In Gedanken war sie ständig bei Tamara. Sie musste einfach zu ihr.

Wieder schlief sie die ganze Nacht über nicht. Wieder vernahm sie Gottes Stimme in ihrem Herzen, sie solle nach Osinowy Mys. Als sie sich am anderen Morgen erneut zur Bushaltestelle aufmachte, betete sie: »Herr, wenn du es willst, dann lasse einen Bus kommen!« Nach zehn Minuten kam das Fahrzeug dieses Mal tatsächlich.

In Osinowy Mys ging sie schnurstracks zu ihrer Freundin Galina. Ohne Umschweife teilte sie ihr mit, dass sie gekommen sei, um die sterbenskranke Lehrerin Tamara zu besuchen. Sie forderte Galina auf: »Komm, wir beten, dass die Verwandten mich zu ihr lassen!«

Sie kam ins Haus der Kranken und traf dort Tamaras Mann und Schwiegermutter an. Die meinte sogleich, dass sie niemanden mehr zu Tamara hineinlasse. Sie schlafe und dürfe nicht gestört werden. Doch so schnell gab Nina nicht auf. Gemeinsam in der Küche sitzend erzählte sie der Frau, wie Gott ihr das Leben nochmals neu geschenkt hatte. Sie fügte hinzu, dass vielleicht auch hier noch nicht alles verloren sei, dass es noch Hoffnung gebe. Das war der Türöffner.

Der Gesichtsausdruck der Schwiegermutter veränderte sich: »Ah, Sie sind es! Meine Tochter hat mir erzählt, dass Sie wie durch ein Wunder eine schwere Operation überlebt haben. Nun gut, gehen Sie zur ihr.«

Als sie das Zimmer betraten, lag Tamara mit dem Rücken zu ihnen gewandt da. Leise rief Nina sie bei ihrem Namen: »Tamara Tichonowna.« Keine Reaktion. Nochmals etwas lauter: »Tamara Tichonowna.« Da wandte Tamara sich ihr mit geöffneten Augen zu. Sie strahlte übers ganze Gesicht, breitete ihre Arme aus und sagte, als habe sie Nina erwartet: »Nina, ich bin so froh, dass Sie kommen!«

Als Tamaras Schwiegermutter ihr freudiges Gesicht sah, schlich sie sich betroffen hinaus und ließ die beiden alleine. Nina küsste die Todkranke und setzte sich zu ihr auf die Bettkante. »Wie geht's?« »Schlecht«, entgegnete Tamara. »Für Gott ist nichts unmöglich. Es ist noch nicht alles verloren«, ermutigte Nina sie. »Ich habe Ihnen doch vieles über Gott erzählt. Möchten Sie ihm nicht ihr Leben anvertrauen? Wollen Sie?« Tamara nickte wortlos. »Können Sie selbst beten?« Tamara flüsterte: »Nein.« »In Ordnung, dann bete ich und Sie wiederholen einfach, was ich sage«, lächelte Nina. Wieder nickte Tamara. Nina begann das Gebet mit langen Sätzen, merkte aber, dass es zu schwer für Tamara war. So sprach sie ganz schlicht lediglich drei Worte: »Herr, vergib mir.« Tamara wiederholte es. Noch beim »Amen« neigte sie ihren Kopf zur Seite, schlief ein und reagierte auf nichts mehr. Zwei Tage später starb sie.

Später fragte Nina Galina, ob sie tatsächlich die ganze Zeit über gebetet habe, obwohl sie so lange weggeblieben sei. Galina war erst fünf Minuten zuvor vom Gebet aufgestanden. »Wirklich?«, vergewisserte Nina sich. »Machst du mir nichts vor?« »Nein, ich mache dir nichts vor. Ich habe wirklich durchgehend gebetet.«

Pudelwohl im Getümmel

Eines Tages fahre auch ich mit dem Bus nach Tschunojar, um dort Juri Merkurjewitsch und seine Familie zu besuchen. Ich habe sie beim Osterfest in Osinowy Mys zum ersten Mal gesehen und bereits Interessantes über Juris Lebensgeschichte gehört. Gerne möchte ich ihn und seine Familie besser kennenlernen.

Sie nehmen mich herzlich in ihre Familie hinein. Während wir in der gemütlichen Sommerküche plaudern, wuseln Kinder um uns herum. Eine Nachbarin setzt sich dazu. Ein Verwandter bringt kurz etwas vorbei, bleibt ein wenig und zieht dann weiter. Um ihre Kinder abzuholen, kommt eine andere Nachbarin; sie gesellt sich ebenfalls noch etwas zu uns, bevor sie mit ihren Kindern nach Hause geht.

Ursprünglich wollte ich am selben Abend wieder zurückfahren, doch es wird zusehends später. Ich frage, wie lange ich bleiben könne. In ihrer warmherzigen Art antwortet Ljuda: »Och, so zwei bis drei Tage.« Das bringt mich zunächst zum Schmunzeln. Jedenfalls wird mir klar, dass ich an diesem Abend nicht mehr nach Hause komme. Da kommt Igor, ein Mann aus Juris Gemeinde, vorbei und lädt mich ein, seine Familie am nächsten Tag zu besuchen.

Es ist schon fast Mitternacht, als ich noch in der Banja meiner Gastgeber schwitze. Wie üblich, kann ich mir einfach irgendwelche Plastikschlappen, die bei der Garderobe stehen, anziehen. Es kommt nicht darauf an, wem welche Schlappen gehören. Die Banja ist sehr heiß. Das tut so gut. Juris Frau Ljuda gibt mir für hinterher einen kuscheligen Bademantel, der mir viel zu groß ist. Ljuda ist, ebenso wie Juri, etwas molliger.

Ljuda Viktorowna beim Melken

Ein Onkel, Ljudas Bruder, lebt für einige Zeit mit bei ihnen in der Familie. Sie schlafen zu dritt im Zimmer der Söhne. Nikita, der Jüngste, ist jede Nacht da. Dima und Oleg wechseln sich ab. Sie arbeiten jeweils versetzt, eine Woche Oleg tagsüber und Dima nachts; in der nächsten Woche umgekehrt. Sie sind für eine Kompanie tätig, die Starkstrommasten errichtet. Dafür roden sie den Wald mit ihrem Bagger. Um die Maschinen bestmöglich zu nutzen, wird hier auch nachts geschuftet. Keine einfache Arbeit, nachts Bäume zu fällen.

So lebt die Familie auf engem Raum zusammen – und ich heute mittendrin. Ich fühle mich pudelwohl in diesem Getümmel. Die Familie von Juri, einem liebenswerten Kerl mit gutmütigen Augen, ist wirklich klasse.

Ins Schwarze getroffen

Juri Merkurjewitsch hatte sich stets für einen guten Familienvater gehalten. Er liebte seine Frau Ljuda Viktorowna und seine Söhne. Er trank nicht, rauchte nicht, trieb gerne Sport (Boxen, Kung Fu und Fallschirmspringen), hatte sich nichts zuschulden kommen lassen und führte ein durchaus stabiles Leben. An der Dorfschule in Tschunojar unterrichtete er Werken. Er war gemeinschaftsfreudig und hatte ein ruhiges Wesen. Nie im Leben hätte er sich selbst als potenziellen Sträfling erachtet.

1991 jedoch geriet mit einem Schlag alles aus den Fugen. Sie waren als Familie zur Hochzeit eines entfernten Verwandten eingeladen. Es kam zu einer Auseinandersetzung. Im Eifer des Gefechts versetzte Juri einem Bekannten einen dumpfen Schlag in die Magengegend – nicht ahnend, dass sein Gegner ein Leberleiden hatte. Dieser Mann ging abends noch in den Club und betrank sich. Nachts kam er ins Krankenhaus und wurde notoperiert. Drei Tage später war er tot. Die Schuld dafür wurde Juri angelastet. Er wurde zu zehn Jahren Haft verurteilt.

»Heute habe ich einen solch guten Mann ins Gefängnis gefahren. Er hat auch eine sehr nette Familie. Ich kann gar nicht verstehen, wie so jemand hinter Gitter kommen kann«, erzählte der Polizist, der ihn damals ins Gefängnis gefahren hatte, am Abend seiner Frau. In einem Krankenwagen hatte er Juri im Gefängnis abgeliefert. Zu diesem Zeitpunkt hatte die Polizei hier kein eigenes Fahrzeug. »Ich musste ihm erst einmal erklären, wie es im Gefängnis zugeht und wie er sich da am besten zu verhalten hat. Während der Fahrt hat er Hände voll Nüsse aus seinen Hosentaschen geholt und gegessen. Er war so nervös, was ihn erwarten würde. Er tat mir richtig leid.«

Dies erzählen mir der inzwischen pensionierte Polizist und seine Frau, als ich sie besuche.

Das mehrstöckige Gefängnis in Krasnojarsk war von hohen Mauern mit Stacheldraht umgeben, an jeder Ecke ein Wachturm. Hier herrschten raue Sitten. Eigentlich waren die schmutzigen Zellen mit ihren sieben auf acht Metern für zehn Insassen angelegt, doch tatsächlich befanden sich 30 bis 35 Häftlinge darin. Die schmalen Etagenbetten waren eng aneinandergequetscht, zwei Personen mussten sich jeweils abwechselnd ein Bett teilen. Während der eine schlief, spielte der andere zum Beispiel mit Zellengenossen Karten. War Juri dann mit Schlafen an der Reihe, war sein Bett schon nass geschwitzt. Läuse und Hautkrankheiten hatten leichtes Spiel.

Vor den Fenstern versperrte eine Metallplatte mit Löchern die Sicht. Davor war ein weiteres Gitter angebracht, es war unmöglich, nach draußen zu schauen. Die Sonne bekamen die Sträflinge nur für 15 Minuten am Tag zu sehen, wenn sie Ausgang im Hof hatten. Im Sommer betrug die Temperatur in den Zellen ungefähr 25 Grad. Es war unsagbar stickig. Etwas abgeschirmt in einer Ecke war die Toilette, die fürchterlich stank. Nur einmal pro Woche durften die Gefangenen in die Banja. Ihre Wäsche wuschen sie mit kaltem Wasser selbst und hängten sie dann in der Zelle auf.

Wo war Juri hier nur gelandet? Wie sollte er die vor ihm liegenden zehn Jahre Haft durchstehen? Juri dachte über sein Leben nach. Er war schuldig geworden, obwohl er sich doch immer für gut gehalten hatte. Er fühlte sich zu hart bestraft, hegte Rachegedanken gegen den Richter und malte sich konkrete Pläne aus, wie er es ihm nach seiner Entlassung heimzahlen könnte.

Stets hatte Juri gewissenhaft vorausgeplant. Hier dagegen war er völlig hilflos, der Willkür seiner Wächter und Mitgefangenen ausgesetzt. Er fragte sich, wer sein Leben nun wohl in der Hand habe, wenn er es nicht mehr im Griff hatte. Wer war der Herr im Leben, wenn man selbst nicht mehr Herr der Lage war? Früher hatte er nie nach Gott gefragt, nun suchte er ihn. Juri wurde empfänglich für christliche Impulse. Ein Amulett, das ein Mitgefangener um den Hals trug, weckte sein Interesse. Im Inneren befand sich ein Vaterunser. Außerdem hörte Juri übers Radio, wie Missionare von Gott sprachen. Er interessierte sich immer mehr für den christlichen Glauben.

Ljuda arbeitete zu dieser Zeit als Erzieherin im Kindergarten. Anfangs war sie niedergeschlagen darüber, nun mit ihren Jungen alleine zu Hause zu sein. Doch fing sie sich schnell wieder und beschloss, ihrer Verantwortung als Mutter nachzukommen. Das Leben musste weitergehen.

Nach dreimonatiger Haft im Krasnojarsker Gefängnis wurde Juri in ein anderes Lager überwiesen. Hier ging es etwas freier zu als im Gefängnis. Im Wohnbereich standen, durch Zäune voneinander getrennt, mehrere Baracken mit Schlafsälen. In einem anderen Gebäude befand sich die Mensa, in der die Gefangenen aus sämtlichen Baracken aßen. Außerdem gab es ein Clubhaus und sogar eine kleine orthodoxe Kirche. Von den Baracken aus war es möglich, bei einem Aufseher anzurufen und von ihm überwacht in die Kapelle zu gehen. Obwohl viele Gefangene immer wieder die kleine Kirche besuchten, sprach ihr Lebensstil eine ganz andere Sprache. Hinter einer Mauer befand sich der Arbeitsbereich mit einem Sägewerk.

Juri erhielt alle drei Monate für drei Tage Besuch von seiner Familie. Mit viel Liebe bereiteten sie sich stets auf die Treffen vor. Sie kauften und kochten das Beste für ihn. Seine Söhne, die ihren Vater liebten und vermissten, begleiteten

Ljuda immer bei diesen Besuchen. Untergebracht wurden sie in der Nähe des Lagers in einer eigens für Besucher eingerichteten Pension. Die Treffen selbst fanden unter Beobachtung hinter Eisentüren statt. Auch wenn Juri danach stets wieder abgeführt wurde, bedeuteten diese gemeinsamen Stunden der Familie sehr viel.

Da es Juri jetzt besser ging, gerieten seine Gedanken an Gott erst einmal wieder in Vergessenheit. Doch nach einem Jahr Haft begann er erneut, christliche Bücher zu lesen, die er bei Mitgefangenen entdeckte.

1992 kamen zum ersten Mal einige Missionare ins Lager. Der Saal des Clubgebäudes war mit zwei- bis dreihundert Gefangenen brechend voll. Die Häftlinge warteten neugierig. Die skandinavische Gruppe begann, von Gott zu erzählen. Juri spürte, dass sie Antworten auf seine Lebensfragen hatten. Es erfolgte ein Aufruf: Wer ein neues Leben mit Gott beginnen wolle, dürfe nach vorne zur Bühne kommen.

In Juris Innerem tobte es. Einerseits verspürte er den Drang, nach vorne zu gehen. Andererseits erschienen ihm die fünf Meter bis zur Bühne unendlich weit. Was würden seine Mitgefangenen denken, wenn er sich öffentlich zum Glauben an Jesus bekannte? Aus eigener Kraft konnte er diesen Schritt nicht wagen. Er war wie gelähmt, aber der Ruf Gottes war stärker. Gott gab ihm die Kraft, aufzustehen und nach vorne zu gehen. Bei der Bühne hatten sich bereits um die 20 Sträflinge eingefunden. Die Missionare beteten mit ihnen. Während des Gebets erkannte Juri, dass er tatsächlich gefunden hatte, was ihm bisher fehlte. Der Prediger kniete sich auf der Bühne nieder, beugte sich zu ihm herab und legte ihm die Hand auf die Schulter. Durch einen Übersetzer sprach er Juri folgende Worte zu: »Gott liebt dich. Er will viel durch dich bewirken.«

Dieser Abend war die Wende in Juris Leben. Als er den Saal verließ, kam ihm der Himmel leuchtender als sonst

vor, selbst die dunkelgrünen, hohen Zäune ums Lager erschienen ihm heller. Auch wenn sich die eigentliche Veränderung in seinem Inneren vollzog, mutete ihm die ganze Welt mit einem Male besser an.

Juri wird Christ[10]

---

[10] Dieses Foto fand Juri, der nicht wusste, dass seine Bekehrung fotografiert worden war, wesentlich später auf dem Schreibtisch eines Offiziers. Als er fragte, ob er es bekommen könne, wurde es ihm ausgehändigt. Juri ist darauf der Lockige, auf dessen Schultern der Prediger gerade seine Hand legt.

Feinde werden zu Freunden

Als er Mitgefangenen begegnete, mit denen er einst auf Kriegsfuß gestanden hatte, wirkten sie auf ihn freundlicher. Er spürte plötzlich den starken Wunsch nach Gemeinschaft mit ihnen, vergab ihnen und bat sie seinerseits um Vergebung. Seine Wange darbietend fügte er hinzu: »Schlag mich, wenn der Konflikt dadurch für dich gelöst wird.« Kein Einziger schlug zu. Stattdessen stieß er auf Reaktionen wie: »Hey, was ist los? Ist alles okay?« Feinde wurden zu Freunden. Seine Veränderung bewirkte auch Veränderung in den anderen. In ihren Augen konnte er lesen, dass sie teilweise nicht verstanden, was hier vor sich ging. Sie wurden ihm gegenüber auf einmal offener und erkundigten sich zum Beispiel nach seiner Familie.

Juri schrieb Ljuda einen Brief, dass er nun die Bibel lese und für die Familie bete. Er bat seine Frau, ebenfalls für ihn zu beten. Sie nahm diese Neuigkeit positiv auf und erzählte allen Nachbarn und Freunden davon. Als sie Juri das nächste Mal besuchte, gab er ihr eine Bibel und christliche Bücher mit und bat sie, darin zu lesen. Ljuda wollte seiner Bitte nachkommen und versuchte zu beten. Aber sie wusste nicht so recht, wie das ging. Ihre Worte erschienen ihr leer; ihr fehlte die Erfüllung beim Beten. Sie kam sich wie eine Heuchlerin vor. In der Bibel las sie eigentlich nur, weil ihre Kinder daraus vorgelesen bekommen wollten. Doch Juri betete treu für seine Familie, dass Missionare in ihre Gegend kommen sollten. Aus irgendeinem unerklärlichen Grund sagte er zu Gott, dass es ihm am liebsten wäre, die Missionare kämen aus Amerika.

Zusammen mit 30 anderen Häftlingen ließ Juri sich im Lager taufen. Zu den Gefängnisgottesdiensten fanden sich anfangs nur drei Häftlinge ein. Viele hatten zwar erst Feuer für Jesus gefangen, doch dann hatte sich die Begeisterung gelegt und sie lebten weiter wie bisher. Juri selbst jedoch wuchs immer mehr im Glauben und wurde sozusagen zum »Pastor« dieser kleinen Gruppe. Nach einer Weile waren sie zu zehnt im Gottesdienst. Zudem entstand eine christliche Musikgruppe mit Gitarre, Keyboard, Saxofon und Ziehharmonika.

Eine Josefs-Karriere[11] im Arbeitslager

Auch den Aufsehern entging Juris Veränderung nicht, ihnen fiel sein rücksichtsvolles Verhalten im Speisesaal auf. Sie vertrauten ihm und übertrugen ihm zunehmend mehr Verantwortung. Er wurde im Lager für die Verwaltung von Farben, Kleidung und Lebensmitteln zuständig. Er organisierte Sportturniere und bereitete Feste vor. Hierbei durfte er sogar Offiziere einteilen. Seine Pläne mussten lediglich durch die Unterschrift eines Vorgesetzten abgesegnet werden. Schließlich wurde Juri zum Aufseher über alle, die für einzelne Teilbereiche zuständig waren.

Juri schrieb seiner Mutter Briefe, in denen er sie um Vergebung bat. Er erfuhr, dass sie sich daraufhin im Fernsehen Predigten ansah und den Weg zu Gott fand. Auch Juris Vater fand noch im hohen Alter seinen Frieden mit Gott und bat die Verwandten um Vergebung für Schuld, die er im Laufe seines Lebens auf sich geladen hatte.

Als seine Mutter starb, bat Juri um Hafturlaub, um zu ihrer Beerdigung fahren zu können. Obwohl man ihm um 16.00 Uhr noch mitgeteilt hatte, dass dies nicht möglich sei, hatte er den Eindruck, Gott wolle es ihm ermöglichen. So wagte er einen seiner ersten Glaubensschritte. Noch bevor er die Genehmigung hatte, bat er um Zivilkleidung für die Reise. Das war auch gut so, denn schon um 19.00 Uhr holte ein Offizier ihn ab.

Vor der Abfahrt versprach er Gott, mit allen unterwegs über den Glauben zu reden. Im Zug saß er mit zwei Männern zusammen, die auf dem Tisch schon Wein und Lebens-

---

[11] Anspielung auf die Geschichte von Josef in 1. Mose 37–50.

mittel ausgebreitet hatten. Ihm wurde mulmig zumute bei dem Gedanken, sich mit ihnen zu unterhalten. Er fühlte sich unwohl in seiner Haut und hatte Minderwertigkeitsgefühle. Er schämte sich dafür, dass seine Kleidung nach Lager roch. So wandte Juri sich von ihnen ab und sagte kleinlaut zu Gott: »Vergib mir, aber ich weiß nicht, wie ich mit ihnen ins Gespräch kommen kann.« Doch bevor er lange darüber nachgrübeln konnte, sagte einer der beiden Männer zu ihm: »Komm. Trink mit uns!« Juri antwortete: »Ich trinke nicht.«[12] Sie hakten nach: »Wie? Trinkst du etwa auch keinen Tee? Irgendetwas wirst du ja wohl trinken!« Darauf ließ er sich ein. Während die beiden ihren Wein genossen, trank Juri Tee. Gemeinsam aßen sie die Wurst dazu. Nun, als das Eis gebrochen war, fielen auch Juris Hemmungen von ihm ab.

Die beiden waren Brüder. Sie waren unterwegs, um ihre altersschwache Mutter aus Angarask im Verwaltungsbezirk Irkutsk am Fluss Angara zu sich nach Kasachstan zu holen. Der Jüngere prahlte mit allerlei Frauengeschichten. Der Ältere bevorzugte es, nur eine einzige Frau zu lieben. Juri schaltete sich ins Gespräch ein und erklärte ihnen, welchen Wert die Familie von der Bibel her habe.

Während seiner Gefangenschaft hatte Juri viel Zeit zum Nachdenken gehabt. Dabei war ihm der Stellenwert der Familie ganz neu wichtig geworden. Es hatte ihn betroffen gemacht, wie viele Kinder unter dem Lebensstil ihrer Eltern zu leiden haben. Traurig dachte er an all die Familien, in denen Kinder hungern müssen, weil die Väter das ganze Geld vertrinken. Die Liebe zu seiner Familie hatte Juri im Gefängnis geholfen, standhaft zu bleiben und sich auf nichts einzulassen, was negative Auswirkungen auf seine Familie hätte haben können. Juri wollte, dass Gott seine Familie segnete.

---

[12] Da Alkoholismus in Russland ein solch großes Problem darstellt, ist es dort unter den meisten Christen nicht üblich, Alkohol zu trinken.

Der ältere der beiden Brüder war von Juris Gedanken angetan und sagte zu seinem Casanova-Bruder: »Da siehst du's. Hör gut zu, was er dir zu sagen hat.« Daraufhin zitierte Juri den Bibelvers: »Man wird dann auch nicht mehr sagen: ‚Die Eltern essen unreife Trauben und die Kinder bekommen davon stumpfe Zähne.‘ Nein, jeder wird nur für die bösen Taten bestraft werden, die er selbst begangen hat – es sollen ausschließlich diejenigen stumpfe Zähne bekommen, die selbst die unreifen Trauben gegessen haben.«[13]

Während Juri mir das erzählt, muss ich schmunzeln und denke: »Wie kann einem bloß ein solcher Bibelvers spontan in den Sinn kommen?« Juri fährt mit seiner Geschichte fort …

Daraufhin stand der Casanova auf und verschwand eine Weile. Entsetzt fragte der ältere Bruder Juri: »Warum hast du das gesagt? Wie konntest du nur?« Juri konnte es sich selbst nicht erklären, warum ihm ausgerechnet dieser Bibelvers in den Sinn gekommen war. Während der jüngere Bruder draußen war, erzählte der ältere, dass jener kürzlich seine 13-jährige Tochter verloren habe. Sie sei an einer Zahninfektion gestorben. Zehn Minuten später kam der Jüngere mit rot verweinten Augen zu ihnen zurück. Statt Juri einen Vorwurf zu machen, wollte er mehr über Gott erfahren. Noch während dieser Zugfahrt entschied er sich für Jesus als seinen persönlichen Retter. Juri schenkte ihm zum Abschied noch eine christliche Kassette zum Thema »Familie«. Beim Aussteigen aus dem Zug um 4.00 Uhr war Juri so glücklich darüber, wie Gott durch ihn geredet hatte, dass er die eisige Kälte gar nicht spürte.

Einige Zeit nach dem Tod seiner Mutter starb auch Juris Vater. Wieder durfte er zur Beerdigung fahren. Bevor er das Lager verließ, versprach er Gott, dieses Mal seinen Verwandten von ihm zu erzählen. Gleich am ersten Tag berichtete er

---

[13] Jeremia 31,29f.

seinen beiden Schwestern von Gott, am zweiten Tag öffneten sie ihre Herzen für Jesus. Sie unterhielten sich noch darüber, in welche Gemeinde sie gehen könnten. Dabei meinte Juri, dass es in erster Linie darauf ankäme, dass Jesus die zentrale Rolle spiele. Um welche Kirche es sich handle, sei zweitrangig.

Gott griff immer wieder ganz direkt in Juris Leben ein. Eines Morgens 1997 wälzte er sich um 5.00 Uhr eine Stunde lang unruhig hin und her. Er hatte einen Traum, der ihn beschäftigte. Im Traum hatte er geschäftig an seinem Schreibtisch gesessen. Da hatte ihm auf einmal ein Offizier ein Dokument gereicht, mit der Aufforderung: »Unterschreib!« Ohne hinzusehen, hatte Juri unterschrieben. Erst als sich der Offizier im Gehen befand, hatte Juri erkannt, dass es sich bei dem soeben unterzeichneten Papier um ein »Zweites Gnadengesuch« handelte. Als er nachfragen wollte, was es damit auf sich habe, war der Offizier schon verschwunden.

Ein Jahr nach seiner Inhaftierung hatte Juri tatsächlich ein Gnadengesuch geschrieben, das jedoch abgelehnt worden war. Dieser Traum ließ ihn nicht los. Er stand um 6.00 Uhr auf und fragte seine Freunde, was der Traum wohl bedeuten könne. Sie zuckten nur mit den Achseln und meinten, dass sie keine Ahnung hätten. So fragte er schließlich den Offizier, von dem er geträumt hatte, ob er etwas von einem »Zweiten Gnadengesuch« wisse. Doch der wusste von nichts.

Erst am Abend kam Juri der Gedanke, Gott zu fragen, ob er ihm durch diesen Traum etwas sagen wollte. Nachdem er sich zugedeckt hatte, vernahm er eine Stimme, die laut und deutlich zu ihm sprach: »Lass die Arbeit liegen. Setze dich hin und schreibe einen Brief an den Präsidenten!«

Gesagt, getan. Am nächsten Morgen verfasste Juri solch ein Schreiben. Dabei achtete er nicht auf Formalitäten, sondern schrieb einfach, wie es ihm ums Herz war. Während er seinem ersten Gnadengesuch damals zahlreiche Referenzen und dergleichen beigefügt hatte, beließ er es dieses Mal einfach beim Brief. Er sagte sich: »Es zählt nicht, was andere Menschen über mich sagen, sondern was Gott zu mir gesagt hat.« Er überreichte den Brief dem Aufseher mit den Worten: »Gott hat mir aufgetragen, das zu schreiben. Geben Sie es, wem Sie wollen.« Nach einer Woche wurde das Gnadengesuch nach Moskau geschickt.

Ein Monat war vergangen, als ein Fotograf ins Lager kam und ein Bild von ihm aufnehmen wollte. Zunächst konnte sich Juri keinen Reim darauf machen, wofür das Foto benötigt wurde. Er brachte den Besuch des Fotografen nicht mit seinem Schreiben in Verbindung, weil man bei Gnadengesuchen gewöhnlich mindestens sechs Monate auf Rückmeldung warten musste. Doch Juris Bitte war tatsächlich durchgekommen, sodass nun die konkreten Schritte zu seiner Freilassung eingeleitet wurden. Auch die Lagerleitung konnte es zuerst nicht glauben, dass Juri schon entlassen werden sollte. Sie vergewisserte sich in Moskau, ob da alles mit rechten Dingen zuging. Bereits am nächsten Tag lag die Bestätigung vor, dass er tatsächlich das Lager verlassen könne. So verabschiedete sich Juri von seinen Mitgefangenen, ermutigte sie, auf Gott zu vertrauen, und kehrte nach Tschunojar zu seiner Familie zurück. Wie froh war er, nach sechs Jahren Haft – vier Jahre früher als ursprünglich festgesetzt – wieder nach Hause zu kommen!

Ein Liebeslied von Onkel Oleg

Ich bin erst spät ins Bett gekommen bei Juris Familie. Geschlafen habe ich im Wohnzimmer auf dem wie üblich braun karierten Sofa. Am nächsten Morgen geht das bunte Treiben gleich weiter. Leise höre ich den Fernseher laufen. Als ich im Halbschlaf noch blinzele, sehe ich, dass Juris jüngste Tochter Anna (6) am Fußende des Sofas sitzt, ihr Bruder Nikita (10) im Sessel daneben. Sie schauen einen Zeichentrickfilm.

Zum Umziehen schickt Ljuda mich in einen Raum mit Glastür ohne Glas. Ich fühle mich etwas beobachtet und zögere. Als sie es merkt, lässt sie mich ins Männerschlafzimmer hinein, schickt die Männer energisch hinaus, und ich kann die Kleider wechseln.

Später kommt Ljudas dunkelhaariger Bruder Onkel Oleg ins Wohnzimmer. Er macht es sich auf einem Sessel bequem, spielt mir auf einer rötlichbraunen, neu aussehenden Gitarre etwas vor und singt dazu. Seine kräftigen, körperliche Arbeit gewohnten Hände greifen zielsicher in die Saiten. Versonnen ist sein Blick in die Ferne gerichtet, als er mit melancholischer Stimme Liebeslieder zum Besten gibt. Seine blaugrauen Augen wirken verschleiert, als sei er mit seinen Gedanken weit, weit weg. Danach trägt er mir noch zu Herzen gehende Gedichte vor, die er selbst vor vielen Jahren für seine Frau geschrieben hat. Eines davon hat er mir aufgeschrieben:

Das Haus auf dem Hügel

Das Haus steht auf dem Hügel
und ringsumher ist Stille

Gestern habe ich davon geträumt
mit dir zu gehen

Die Zeit flog dahin
Jahre gingen ins Land

Nun kann ich der Schwermut
nicht entrinnen

Mir bleibt nur
mich in mein Schicksal zu fügen

Ich werde geduldig
bis ans Ende mein Kreuz tragen

»Olegs Gedicht spiegelt etwas von der russische Seele wider«, denke ich, während er erneut die Saiten klingen lässt. Beim obligatorischen Tee betont Juris Frau Ljuda, dass im russischen Volk viele verborgene Talente schlummern. So mancher sei musisch begabt, aber wie Oleg zu schüchtern, es in der Öffentlichkeit zu zeigen.

Als ich mich in der Küche mit Ljuda unterhalte, sitzt die kleine Anna auf meinem Schoß und malt. Ich fühle mich wohl in Ljudas Gegenwart. Die warmherzige, lebendige Art der Erzieherin tut mir gut. Es interessiert mich, wie es ihr während Juris Gefangenschaft erging und wie sich das Leben ihrer Familie nach seiner Heimkehr veränderte. Mit Händen und Füßen untermalt sie, lebendig wie sie ist, was sie erzählt.

»Ich will deine Freude haben!«

Während seiner Gefangenschaft durfte Juri wegen guter Führung dreimal nach Hause in den Hafturlaub. Bei seinem zweiten Besuch lud er das ganze Dorf zu einem Treffen ins Clubhaus ein. Ljuda rechnete nicht damit, dass diese Veranstaltung tatsächlich zustande käme, doch es fanden sich ungefähr 30 Dorfbewohner ein. Juri hielt eine Predigt, in der er über die Frohe Botschaft von Jesus Christus sprach und die Zuhörer aufrief, sich zu bekehren. Anschließend verschenkte er Kassetten und Broschüren, sodass sich jeder im Saal ein Geschenk mit nach Hause nahm. Ljuda traute sich nicht, an dieser Veranstaltung teilzunehmen. Sie schämte sich, was die anderen wohl dachten, weil ihr inhaftierter Mann christliche Treffen abhielt.

Auf seiner Fahrt von Krasnojarsk in den dritten Hafturlaub nach Tschunojar begegnete Juri im Zug einer Frau aus Osinowy Mys. Von ihr erfuhr er, dass es dort inzwischen amerikanische Missionare gab. Er bat die Frau, den Amerikanern auszurichten, dass er sie unbedingt kennenlernen wolle. Er trug ihr auf, ihnen zu sagen: »Juri aus dem Haftlager ist bei seiner Familie, bitte besucht ihn.« Sollte Gott etwa tatsächlich seine Gebete um Missionare aus Amerika erhört haben? In seiner Aufregung vergaß er völlig, der Frau seine Adresse zu geben.

Gleich am nächsten Tag machten sich die Missionare David und June Walker mit ihrem Sohn Justus auf die Suche nach dem Hafttouristen. In Tschunojar gab es haufenweise Juris, trotzdem machten sie den richtigen ausfindig. Der Besuch dieser Fremden war ein besonderes Ereignis für Juris Frau Ljuda – es handelte sich um die ersten Amerikaner und um die ersten gläubigen Christen, außer ihrem Mann, denen sie bis dahin begegnet war. Juri und Ljuda genossen die Zeit mit Walkers sehr. Die Amerikaner versprachen, abends wiederzukommen.

Juris Familie investierte viel Zeit, um das Abendbrot liebevoll zuzubereiten. Sie kauften extra Obst ein und gaben ihr Bestes. Als sie abends ins Gespräch kamen, fragten Walkers Ljuda ganz direkt, was sie übers Christsein denke. Ljuda antwortete, dass Gläubige gute Leute seien und sie den Glauben gutheiße. Wie sie zu dieser Ansicht gekommen war, wusste sie selbst nicht, da sie außer ihrem Mann ja gar keine Gläubigen kannte. Trotzdem trug sie irgendwie das Bild in sich, Christen seien etwas Besonderes. »Warum wirst du dann nicht auch Christin?«, fragte David. »Ich weiß es nicht. Irgendetwas reicht dafür noch nicht aus.« Sie wollte die ganze Sache einfach erst einmal beobachten und den anderen zuhören. Sich auch selbst von Gott verändern zu lassen, dazu war sie noch nicht bereit.

David riet Ljuda, andere Christen zu suchen und sich regelmäßig mit ihnen zu treffen. Ljuda war nicht so recht überzeugt von dieser Idee. Ihr war unwohl bei dem Gedanken daran, was ihre Freunde über sie denken könnten, wenn sie zu christlichen Treffen ginge.

Die Gruppe junger Letten, die 1997 ein Konzert in Osinowy Mys abgehalten hatte[14], wollte bei ihrem Sibirieneinsatz auch gerne den Menschen in Tschunojar von Gottes Liebe weitersagen. So fanden sich eines Tages zehn junge Leute aus Lettland zusammen mit David Walker bei Ljuda ein. David fragte Ljuda, ob es vielleicht möglich sei, in Tschunojar Treffen durchzuführen, bei denen sie über Gott reden würden. »Ja, das wäre nicht schlecht«, antwortete Ljuda und fügte mutig hinzu: »Ich arbeite ja im Kindergarten, vielleicht können wir es dort machen.«

---

[14] Siehe Kapitel „Die Gerüchteküche brodelt …“.

Weil Ljuda es interessant fand, Angehörige anderer Nationalitäten kennenzulernen, wagte sie es, ihr Anliegen im Kindergarten vorzubringen. Ljuda war verblüfft, dass die Leiterin ihren Vorschlag klasse fand und einverstanden war. Sie hielt es fürs Beste, der lettischen Gruppe ihren Kindergarten während des Mittagsschlafs der Kleinen zur Verfügung zu stellen, damit die Erzieherinnen ebenfalls am Programm teilnehmen könnten. Die Erzieherinnen studierten sogar zwei russische Volkslieder ein, um sie den Fremden vorzutragen.

Die Letten trafen früher als erwartet ein, als die Kinder noch wach waren. So spielten sie zunächst einfach mit den Kindern, was zu einer lockeren Atmosphäre beitrug. Von dieser Ungezwungenheit war auch das gemeinsame Teetrinken geprägt. Die Leute aus Tschunojar fragten ihre Besucher, wie es ihnen in Russland gefalle. Sie stellten ihnen Fragen über Lettland und Amerika. Auf ganz natürliche Weise erwähnten die Gäste im Laufe der Gespräche, wie Gott ihr Leben positiv verändert hatte. Ihre Worte kamen an.

Ljuda erwähnte, dass ungefähr eine Woche später im Clubhaus ein von der Dorfgemeinschaft organisiertes Fest stattfinden würde. Sie lud die Christen ein, daran teilzunehmen. Essen, Wein, Musik und Tanz erwartete die Gruppe, als sie eintrafen. Die Gäste tanzten fröhlich mit und hatten dabei eine Menge Spaß. Doch etwas machte Ljuda stutzig. Sie waren gar nicht betrunken – und wirkten dennoch so frei und gelöst. Die meisten anderen Leute, die sie kannte, waren erst nach drei, vier Gläsern Wodka so ausgelassen. Dieser Unterschied beeindruckte Ljuda. Als die Christen noch zwei lettische Lieder vorsangen, hörten alle mit offenem Mund zu. Es herrschte eine ungewöhnlich andächtige Atmosphäre.

Verwundert fragten die Leute, die Fremden gegenüber eher skeptisch eingestellt waren, Ljuda, woher sie nur all diese Ausländer kenne. Ljuda antwortete in ihrem kindlichen Vertrauen: »Mein Mann ist gläubig geworden. Und dann fanden sie mich ganz von alleine.«

Bevor sie sich auf den Heimweg machten, gingen die Christen noch ins Untergeschoss, um gemeinsam zu beten. Ljuda ging mit. Die lettische Gruppe fuhr dann wieder nach Osinowy Mys, Ljuda blieb noch bei der Feier. Als sie neben ihren sonst so vertrauten Kolleginnen saß, fühlte sie sich mit einem Mal innerlich leer. Sie stellte fest, dass sie körperlich zwar anwesend, mit ihrem Herzen aber bei diesen Gläubigen war. Irgendwie spürte sie, dass die Leute, mit denen sie jetzt zusammen saß, ihr nicht geben konnten, wonach sie sich im Innersten sehnte. Wie gerne hätte sie jetzt weiterhin Gemeinschaft mit den Christen gehabt.

Zum nächsten Treffen kamen unerwartet viele Dorfbewohner. Die Nachricht hatte sich wie ein Lauffeuer herumgesprochen. Jung bis Alt war anwesend, der Clubsaal brechend voll. Es wurde ein einmaliger Abend. Da auch viele Kinder dabei waren, fürchtete Ljuda anfangs, dass es unruhig werde. Doch es war so leise, dass man eine Stecknadel fallen gehört hätte. Die Christen berichteten von ihrem neuen Leben mit Gott. Aufmerksam hörten alle zu.

Es wurde eine Pantomime aufgeführt, die Ljuda sehr berührte: Eine Person hatte ein großes, rotes Herz auf dem T-Shirt. Zusammengekauert saß sie da und litt unter den dunklen Einflüssen der Kameraden, die ihr mit bedrohlichen Gesten andeuteten, weiter zu trinken. Dann kam jemand mit einer Bibel in der Hand. Als er die Bibel öffnete, erstrahlte helles Licht und ein Mann, der Jesus darstellte, kam in weißem Gewand herein. Die bisher niedergeschlagen dasitzende Person stand mit befreitem Gesichtsausdruck auf. Sie öffnete ihre Arme und lud Jesus ausdrucksstark in ihr rotes Herz ein. Daraufhin strahlte sie erleichtert mit ansteckender Freude. Dieser Gedanke blieb bei Ljuda hängen und verankerte sich tief in ihrem Inneren: Jesus ins Herz einladen!

Bald darauf erlebte Ljuda eine nie zuvor gekannte Freude, als sie erfuhr, dass Juri vorzeitig aus dem Lager entlassen wurde – ein Wunder. Ihr war klar, dass dies ein Geschenk Gottes war. Sie wusste gar nicht, wohin mit ihrer Freude, so glücklich war sie. Das war keine normale Freude mehr. Sie hatte den Eindruck, dass Gott selbst tiefe Freude in ihr bewirkte. Ihr war, als käme sie in Gottes Licht hinein. Von ganzem Herzen dankte sie Gott für die Befreiung ihres Mannes.

Zu ihrem Arbeitsplatz, dem Kindergarten, musste sie immer ungefähr einen Kilometer weit gehen. Dabei hatte sie Gelegenheit, den Alltagstrubel hinter sich zu lassen und nachzudenken. Diesmal kam ihr auf ihrem Weg die Pantomime in den Sinn. Ljuda sagte: »Gott, komm in mein Herz! Ich will mit dir leben. Ich will deine Freude haben!« Erst im Nachhinein machte sie sich bewusst, dass dies ihr Durchbruch zu einer persönlichen Beziehung mit Gott war. Eines war besonders ungewöhnlich: Ihre Freude verflog nicht, sondern hielt weiterhin an. In der darauffolgenden Zeit war sie unsagbar glücklich.

Juri kam aus der Gefangenschaft zurück. Er hatte sich im Haftlager verändert. Vorher war Arbeit sein Leben. Er wollte, dass es ihnen in materieller Hinsicht gut ging. Jetzt waren ihm die Menschen immer wichtiger. Er war ja schon vorher freundlich gewesen, doch nun lag es ihm noch viel mehr am Herzen, für andere da zu sein.

Dankbar, dass Ljuda nun auch mit Gott lebte, bat er sie, sich den Kindern gegenüber nicht mehr so aufgebracht zu verhalten wie bisher, wenn sie sich über sie ärgerte. Gott half Ljuda, ihr Verhalten zu ändern. Am liebsten wollte Juri mit ihr zusammen christliche Lieder singen. Doch dazu brauchte Ljuda noch etwas Zeit. Sie war innerlich noch nicht so weit.

Juri vermisste die Gemeinschaft mit anderen Christen. Es fiel ihm schwer, damit zu leben, dass es in ihrem Dorf keine Gemeinde gab. Da sie damals noch kein Auto hatten, konnte er auch nicht zu den Gottesdiensten nach Osinowy Mys fahren. Er betete am Telefon mit seiner Schwester Katja, die seit der Beerdigung ihres Vaters gläubig war, für die Entstehung einer Gemeinde in Tschunojar. Seine Schwester war zuversichtlich und sprach ihrem Bruder Mut zu.

Zu seiner großen Überraschung entdeckte Juri 1998 eines Tages eine Bekanntmachung, dass im Club Leute zusammenkamen, die an Gott glaubten oder Interesse am christlichen Glauben hatten. Obwohl er die dort Anwesenden nicht kannte, umarmte er sie bei seinem ersten Gottesdienstbesuch gleich voller Freude. Geleitet wurden diese Zusammenkünfte von Igor, einem ledigen Russen aus Krasnojarsk. Er unterstütze Familie Walker ungefähr ein Jahr lang in ihrer Missionstätigkeit. Dies war das zweite Treffen.

Igor hatte keine konkreten Pläne, eine Gemeinde zu gründen. Er hatte einfach mal begonnen, Leute zusammenzutrommeln. Etwa fünfzehn Teilnehmer kamen zu diesen Treffen. Sie hatten zwar noch keine persönliche Beziehung zu Gott, waren aber interessiert am Glauben.

Im Laufe der Zeit trafen immer mehr von ihnen eine persönliche Entscheidung für Jesus, und sie blieben dabei, die Gottesdienste im Club zu besuchen. Igor, ein sehr disziplinierter Mann, der früher vier Jahre lang Offizier bei der Armee gewesen war, kaufte sich ein Haus in Tschunojar. Bei ihm fand zusätzlich zu den Gottesdiensten dienstags noch eine Bibelstunde und donnerstags ein Gebetskreis statt. Ljuda erkannte, dass es ihr noch an Bibelkenntnis mangelte. Die Bibelstunden boten ihr eine willkommene Gelegenheit, mehr darüber zu erfahren, wie sich ihr Christsein auf den Alltag auswirken könne. Sie ging gerne dorthin.

Eines Tages stieß die neue Gemeinde in Tschunojar auf Gegenwind. An der Schule wurde auf einer Elternversammlung das Gerücht gestreut, es handle sich um eine »Sekte«.

Die Lehrerschaft setzte durch, dass ihre Treffen im Club verboten wurden. Von da an trafen sie sich auch sonntags bei Igor zu Hause. Die kleine Schar Christen wurde durch diese Probleme nicht schwächer, sondern stabiler.

Auch im Kindergarten erlebte Ljuda plötzlich Widerstand. Aber sie war so glücklich, gläubig zu sein, dass sie sich nicht mehr darum kümmerte, was die anderen sagten. Sie war sich sicher, dass Gott bei ihr war. Und das war es, was zählte. Die Attacken ihrer Kolleginnen führten bei Ljuda dazu, dass sie im Glauben wuchs. Sie war stolz darauf, Christin zu sein. Warum sollte sie sich dafür schämen?

Zudem empfand sie eine unglaubliche Liebe für ihre Kolleginnen. Mit der Zeit merkten sie, dass Ljuda ja doch noch ganz normal und natürlich war, obwohl sie an Gott glaubte. Das schätzten sie. Die Erzieherinnen hatten erwartet, Ljuda würde sich von ihnen abgrenzen und zurückziehen, als sie es ihr so schwer machten. Aber Ljuda suchte umso mehr ihre Nähe und zeigte ihnen, dass sie ihr viel bedeuteten, unabhängig davon, wie sie sich ihr gegenüber verhielten. Ljuda sprühte geradezu vor Liebe für ihre Mitmenschen. Sie hatte sich ganz bewusst dafür entschieden, Gottes Liebe auszuleben, statt dem eigenen Egoismus Raum zu geben.

Juri hätte es sich gleich zugetraut, Pastor zu werden, weil er im Gefängnis schon Erfahrung auf diesem Gebiet gesammelt hatte. Doch in der Gemeinde merkte er, dass er dafür noch viel lernen musste. So wurde Juri zunächst Pastor Igors Mitarbeiter. Nach fünf Jahren in Tschunojar heiratete Igor und zog mit seiner Frau nach Krasnojarsk. Jetzt wurde Juri die Pastorenstelle in Tschunojar übertragen. Die Gemeinde traf sich nun im Haus seiner Familie.

Heute hat die Gemeinde etwa 15 Mitglieder, sonntags kommen ungefähr 20 Gottesdienstbesucher, dazu vier bis zehn Kinder. Nicht nur die Gemeinde wuchs, auch Juris Familie. Zu den beiden Söhnen Oleg und Dima kamen noch

Sohn Nikita und Tochter Anna hinzu. Außerdem hat Juris Sohn Oleg eine Tochter bekommen, die im selben Alter wie Anna ist.

Nachdem Juri in der Gefangenschaft die innere Freiheit gefunden hatte, lag es ihm am Herzen, Sträflingen in Gefangenenlagern von der befreienden Liebe Gottes zu berichten. Als er Pastor Igor vorschlug, gemeinsam unter Gefangenen zu arbeiten, war diesem erst mulmig zumute. Er hatte Angst, sein Leben dabei aufs Spiel zu setzen. Sträflinge seien doch immer und überall gefährlich.

Von r.o. nach l.u.: Sohn Oleg, Mutter Ljuda, Vater Juri, Enkelin Nastja und Tochter Anna

Es goss in Strömen, als Juri und Pastor Igor sich schließlich zum ersten Mal auf den Weg ins 20 Kilometer entfernte Straflager machten. Kaum losgefahren, machte ihr Auto schlapp. »Wie kommen wir nun bloß zum Lager?«, fragten sie sich. Es war schon zwischen 19.00 und 20.00 Uhr. Der Regen ließ nicht nach. Aber sie wollten sich nicht so einfach von ihrem Plan, an diesem Tag zu den Gefangenen zu fahren, abbringen lassen. Da fiel ihnen ein, dass Juri zu Hause noch einen alten Traktor stehen hatte. Sie holten den Veteran aus der Scheune. Er hatte keine Fenster, die sie vor dem Regen hätten schützen können. Sie benutzten eine Folie als provisorischen Fensterersatz.

Die Ankunft von Juri und Igor im Lager in ihrem klapprigen Traktor mit Plastikfolie blieb den Offizieren unvergesslich. Kopfschüttelnd fragte einer von ihnen: »Stecken da die Amerikaner dahinter? Wie viel zahlen sie euch, dass ihr so etwas macht?« Juri antwortete: »Gott wird uns im Himmel dafür belohnen, aber hier auf Erden bekommen wir nicht eine einzige müde Kopeke dafür.« Das konnten die Offiziere zunächst nicht glauben. Wieso nahm jemand diese Strapazen auf sich, bei einem solchen Wolkenbruch mit einem schrottreifen Traktor über die schlammigen Straßen zu holpern, auf denen man ohnehin nur beschwerlich vorankam – nur um zu den Gefangenen zu fahren? Das sollte einer verstehen!

Ihrer ersten abenteuerlichen Tuckerfahrt folgten viele weitere Besuche in Gefängnissen. Zurzeit besucht Juri zweimal im Monat eines der verschiedenen Haftlager der Umgebung.

Die Frage mit den Stöckelschuhen

Eigentlich ist es im Sommer in Sibirien trocken und heiß, aber bei mir regnet es heute in Strömen. Im Winter sind die Schlaglöcher und Fahrrinnen zugefroren. Doch nun im Sommer hinterlässt der Regen tiefe Furchen in der Fahrbahn. Der ganze Untergrund ist aufgeweicht und ich kämpfe mich durch den Matsch. Meine Turnschuhe sind schon von Schlamm überzogen. Ich überlege, ob die jungen Frauen in Russland deshalb so oft Stöckelschuhe tragen, damit sie besser um die Pfützen herumflanieren können, ohne nasse Fersen zu bekommen.

Apropos Stöckelschuhe: Bei einem früheren Kurzeinsatz in Russland fragte mich eine Studentin im Deutschunterricht an der Universität vor versammelter Klasse: »Stimmt es eigentlich, dass die deutschen Mädchen nicht so viel Wert auf ihr Äußeres legen? Wie finden das denn die jungen Männer in Deutschland, fehlt denen nicht etwas?« Aus dieser Perspektive hatte ich die Frage der Absatzhöhe noch nicht betrachtet. Damals kaufte ich mir meine ersten Stiefel mit höherem Absatz als gewohnt, um mich ein wenig mehr an die Kultur anzupassen. Später, zurück in Deutschland, begegnete mir an einem Bahnhof ein fremder Russlanddeutscher, der mich sofort auf Russisch ansprach, weil er meine Stiefel wohl als russische identifiziert hatte. Heutzutage jedoch scheint sich die Absatzhöhe von Ost und West aneinander anzugleichen.

Doch zurück ins sibirische Hinterland: In meinen durchgeweichten Sportschuhen, ganz ohne Absatz, bin ich auf dem Weg zu dem anderen Igor, der mich am Abend zuvor bei Juris Familie zu sich eingeladen hat. Immer wieder fällt mir auf, wie zuvorkommend Igor sich verhält. Gleich als ich ankomme, hilft er mir aus der Jacke.

Igor isst Fischsuppe. Er bietet mir auch welche an. Da ich bei Juris Familie gerade erst gegessen habe, trinke ich nur Tee. Draußen trommelt der Regen herab. Fischsuppe und Regen – das erinnert mich an den Urlaub mit meiner Freundin Annika auf der Insel Olchon im Baikalsee …

Fischsuppe im Regen

Man hatte uns weisgemacht, dass es dort sehr sonnig sei. Jemand meinte sogar, dass es schon seit vier Jahren keinen Wolkenbruch mehr gegeben habe. Aber, welch Wunder: der Himmel öffnete seine Schleusen. In den vier Tagen, als wir dort waren, fiel wohl das gesamte angesammelte Wasser aus allen Wolken. Täglich war unsere Kleidung durchgeweicht. Trotzdem ließen wir es uns nicht nehmen, einen Ausflug zu einer Aussichtsstelle am anderen Ende der Insel zu machen. Die Fahrt mit dem klapprigen, dunkelgrünen Kleinbus über Stock und Stein, durch Wald und über Hügel war abenteuerlich. Immer wieder rumpelte es, und wir blieben stecken. Mehr als einmal kam der Kleinbus ins Schlittern und drohte umzukippen oder einen Baum zu rammen.

Als wir schließlich die Aussichtsstelle erreichten, von der aus man einen solch fantastischen Blick ans andere Ufer haben sollte, war alles, was wir sehen konnten: Nebel. Missmutig bereitete uns der Busfahrer über dem offenen Feuer eine Fischsuppe zu. Weil es so stark regnete, hielt eine Urlauberin einen Regenschirm über die Flammen. Wir anderen wärmten uns, nachdem wir uns ein wenig die Nebellandschaft angeschaut hatten, durchnässt wie wir waren, so lange im Bus auf. Dann kam der Fahrer mit einem dampfenden Bottich, in dem Fisch herumschwamm, zu uns in den Bus. Annika flüsterte mir zu: »Ist das der Topf mit den Abfällen?« Eher appetitlos raunte ich zurück: »Nein, das ist unsere Suppe.« Einen Augenblick später befand sich die Fischsuppe in unseren Schüsseln – darin tummelten sich Kopf, Flossen, Schwanz und alles, was sonst noch in ein Feuchtbiotop gehört. Knack, da hatte Annika auf ein Fischauge gebissen. Was für ein Schock!

Igors Fischsuppe dagegen sieht lecker aus. Genüsslich löffelt er sie. Seine Tochter, die auf seinem Schoß sitzt, schmiegt sich vertrauensvoll an ihn. Wenn man einen Blick in seine Vergangenheit wirft, ist es wirklich ein Wunder, dass dem heute so ist ...

Igor Viktorowitsch mit seiner Tochter Nina

Ein Sträfling, die schöne Sweta und der Jericho-Transporter

Schon als Jugendlicher hatte Igor einem Kumpel bei einer Rauferei das Nasenbein gebrochen. Später hatte er sich in betrunkenem Zustand so sehr mit einem anderen Mann geprügelt, dass dieser es nicht überlebte. Ein andermal hatte Igor versucht, jemanden zu erstechen. Der war aber so groß, dass das Messer unter dem Herzen vorbei traf und er den Mordversuch überlebte. Igor war ein hartgesottener Kerl und hatte so manches auf dem Kerbholz. Er war im Knast schon fast zu Hause.

Als er ausnahmsweise einmal auf freiem Fuß war, lebte er für einige Zeit als Jäger bei den Ewenken. Dort kam er mit einem Zobel von der Jagd zurück. Während er schlief, stahl ihm eine Frau den Zobel. Jemand sah sie dabei und verpfiff sie bei Igor. Wie konnte sie es wagen, sich den von ihm erlegten Zobel unter den Nagel zu reißen? Ohne zu fackeln, zückte er, als er sie wiedersah, sein Messer und verpasste ihr eine tiefe Wunde quer über die Wange, vom linken Ohr bis zum Mund.

Insgesamt lernte Igor sieben verschiedene Gefangenenlager von innen kennen. Kaum war er draußen, war er auch schon wieder drin. Doch immer wieder machte Gott ihn darauf aufmerksam, dass er ihn liebt und sich eine Beziehung zu ihm wünschte.

Im Knast war Tätowieren ein beliebter Zeitvertreib. Eigentlich war es ja verboten, doch gerade das machte den gewissen Kick aus. Etwas Verbotenes zu tun, ohne erwischt zu werden. Jemand musste Schmiere stehen. Unter den Gefangenen herrschten eigene Regeln. Welche Tätowierungen man sich machen lassen konnte, hing davon ab, wie viele Jahre Knasterfahrung man schon vorweisen konnte. Bei den Tattoos waren auch durchaus religiöse Motive üblich. Es gab eine Zeit, da hatte man eine Tätowierung über den gesamten Rücken erst nach zehn Jahren Gefangenschaft »verdient«. Irgendwo hatte Igor das Bibelzitat »Hört auf, andere zu verurteilen, und ihr werdet auch nicht verurteilt werden.«[15] aufgeschnappt. Das sollte seinen Rücken zieren. Auch wenn er sonst nichts mit der Bibel am Hut hatte, wollte er den genauen Wortlaut nachschlagen. Schließlich würde die Tätowierung sein Leben lang sichtbar sein. Da sollte es schon korrekt geschrieben werden. Es war das erste Mal, dass Igor in eine Bibel schaute.

Immer wieder hatte er es mit Leuten zu tun, die sich auf ein Leben mit Gott einließen. Warum schafften die es, mit dem Rauchen und Trinken aufzuhören? Das wurmte Igor. Er selbst hatte es schließlich auch schon oft versucht, aber nie hinbekommen. Spitzfindig dachte Igor sich drei Fragen aus, um einen dieser Christen, der regelmäßig in der Bibel las, in die Klemme zu bringen. Doch dieser bewahrte Ruhe und antwortete von der Bibel her ganz fundiert. Igor war baff. »Woher hast du so schlaue Antworten auf meine dummen Fragen?«, wunderte er sich. Wieder kam sein Gegenüber mit einem Bibelzitat an: »... macht euch keine Sorgen darüber, was ihr zu eurer Verteidigung vorbringen sollt. Denn in diesem Moment wird der Heilige Geist euch lehren, was ihr sagen sollt.«[16] Igor gab sich geschlagen. »Okay, dann habe ich jetzt eine echte Frage an dich: Wie kann ich das Rauchen aufgeben?« Der gläubige Mithäftling antwortete: »Bitte Gott darum.« »Ja, wie? Einfach so? Das soll alles sein?

---

[15] Lukas 6,37a
[16] Lukas 12,11b+12.

Schließlich rauche ich schon seit 23 Jahren Zigaretten und seit eineinhalb Jahren Kanabis. Du bist vielleicht gut!« Freundlich ermutigte der Mann ihn: »Gott fordert uns in der Bibel auf, ihm zu glauben und zu vertrauen. Probier's doch einfach mal aus.«

Abends im Bett bat Igor Gott tatsächlich, ihn vom Rauchen zu befreien. Eigentlich glaubte er absolut nicht und wollte auch nichts damit zu tun haben. Trotzdem bat er Gott, ihm zu helfen. Schaden konnte es ja nicht. Er war die ewige Raucherei so satt. Beim Beten spürte er, dass er nicht gegen eine Wand redete, sondern dass seine Worte wirklich bei Gott ankamen. Am nächsten Morgen war ihm, als hätte er niemals geraucht. Er benötigte plötzlich einfach keine Zigaretten mehr, es war unglaublich.

Nach einem Monat jedoch fing er wieder an zu rauchen. Bald hatte er erneut die Nase voll davon, er bat Gott nochmals, ihn zu befreien. Gott erhörte sein Gebet auch dieses Mal. Igor dachte: »Na, also, wenn ich will, rauche ich halt, und wenn ich nicht mehr will, höre ich wieder auf.« Erst später verstand er, dass er Gott nicht wie einen Automaten benutzen konnte, wie es ihm in den Kram passte.

Im Lager bei Tschunojar lernte er Rustam kennen, einen großen, blonden und blauäugigen Mitgefangenen. Auch wenn man es von seinem Äußeren her nicht vermutet hätte, war Rustam ein Tatare. Er war früher Moslem gewesen, sein Vater war sogar ein Mullah, ein islamischer Geistlicher. Die Tataren, ursprünglich ein Mongolenstamm, sind in der ehemaligen Sowjetunion das stärkste islamische Volk. Im Lager war Rustam Christ geworden. Nun erzählte er allen von Jesus. Nach seiner Entlassung wollte er in sein muslimisches Heimatdorf zurückkehren, um seinen Verwandten ebenfalls die Botschaft der Bibel zu erzählen.

Von ihrer Unterkunft mussten die Gefangenen täglich zwei Kilometer zum Arbeitsbereich zurücklegen. Da hatte

Rustam Gelegenheit, Igor von Gott zu erzählen – er machte reichlich davon Gebrauch. Igor nervten Rustams Predigten. Manchmal versuchte er bewusst, sich vor ihm zu verstecken. Doch Rustam fand ihn jedes Mal. Unermüdlich erzählte er ihm von Gott. Er war so begeistert. Wie gerne hätte Igor zu ihm gesagt: »Ach, geh weg! Lass mich doch einfach in Ruhe!« Aber er wollte es sich nicht mit ihm verderben.

Rustam arbeitete in der Schmiede, wo er Kreuze, Ringe, Armbänder und dergleichen herstellte. Dort war es immer angenehm warm. Igor selbst arbeitete als Fahrer. Beim Be- und Entladen der Fahrzeuge konnte es einem ganz schön kalt werden. Wie gut tat es da, sich zwischendurch bei einer Tasse Tee bei Rustam aufzuwärmen. Zwei Jahre ging das so, dass Igor es täglich über sich ergehen ließ, was Rustam ihm aus der Bibel erzählte. Irgendwie beeindruckte es Igor dennoch, was für ein aufrichtiger Mann Rustam war.

Außerdem beobachtete Igor, wie Juri und Pastor Igor Woche für Woche ins Lager kamen. Eines Tages, als er sie sah, betete er – auch wenn er eigentlich selbst nicht an die Erfüllung dieses Gebets glaubte: »Herr, mach aus mir so jemanden wie sie!« Gott nahm dieses Gebet ernst und griff in das Leben des Häftlings ein. Als er einmal seinen Mund öffnen wollte, um zu fluchen, war ihm plötzlich, als hielte eine unsichtbare Hand seinen Mund zu. Es gingen ihm einfach keine Schimpfwörter über die Lippen.

Rustam lud Igor zu diesen Treffen mit Juri und Pastor Igor ein. Aber Igor wollte nicht. »Warum bist du nicht gekommen?«, fragte Rustam. »Ich hatte zu viel zu tun.« »Hey, was du arbeitest, verbrennt irgendwann doch alles. Aber das, was du hier hören kannst, das bleibt für immer«, setzte Rustam Igors Vorwand entgegen. Igor dachte tatsächlich darüber nach und kam beim nächsten Mal mit. Aber es war ihm peinlich, zu den Christentreffen zu gehen.

Doch dann hieß es an Weihnachten[17] 1999, dass ein paar Frauen mitkämen, um Lieder vorzusingen. Das wollte sich Igor nicht entgehen lassen. Er meinte zu seinen Kumpels: »Eh, kommt, lasst uns die Weiber anschauen gehen.« Frauen kamen nicht oft ins Lager. Obwohl es mit minus 53 Grad an diesem Tag auch für sibirische Verhältnisse etwas frisch war, kamen die Christen tatsächlich ins Gefangenenlager. Igor entdeckte unter ihnen Sweta Alexandrowna. Sie gefiel ihm auf Anhieb. Schließlich war sie die einzige junge unter den drei Frauen, die anderen beiden waren schon *Babki* (kurz für Babuschkas – Großmütter). Kühn wie er war, begann er einfach, dafür zu beten, dass Gott sie ihm zur Frau gebe.

Am 14. Mai 1999 kamen sie wieder. An diesem Tag sagten sämtliche Zuhörer, dass sie ein Leben mit Jesus beginnen wollten; auch Igor. Vor allem der Gesang hatte ihn stark beeindruckt. Als Igor begann, in der Bibel zu lesen, dachte er: »Das kenne ich ja schon alles auswendig. Genau das hat Rustam mir doch immer erzählt!«

Gott schenkte Igor ein völlig neues Leben. Er befreite ihn nicht nur von Drogen und Alkohol, sondern ließ den Hass in seinem Herzen immer mehr der Liebe weichen. Aus dem einst so harten Rüpel wurde mehr und mehr ein lebensfroher, liebenswerter Bursche. Das Spitzbübische hat Gott ihm weiterhin bewahrt, aber von seinen bösartigen Charakterzügen hat er ihn befreit.

Wieder in der Freiheit machte Igor Sweta im September 2001 einen Heiratsantrag. Sie antwortete, dass sie dafür beten wolle. Doch er sagte zu ihr: »Warum willst du noch beten? Ich habe schon mit Gott darüber geredet. Es ist schon alles entschieden.«

---

[17] Weihnachten wird in Russland gemäß des Julianischen Kalenders am 7. Januar gefeiert. Somit fand das im Westen (nach dem Gregorianischen Kalender) auf den 24. Dezember 1998 datierte Weihnachtsfest in Russland im Januar 1999 statt.

Im November 2001 fand die Hochzeit statt. In seinen Träumen während der Gefangenschaft hatte Sweta kastanienbraune Haare, obwohl sie eigentlich blond war. Für die Hochzeit wünschte er sich, dass sie sich ihre Haare kastanienbraun färbte, was sie auch gerne tat. Inzwischen haben sie vier Kinder: Kyrill, den Sweta mit in die Ehe brachte, und Igors leibliche Kinder Esfir, Nina und David. Sweta ist zurzeit wieder schwanger.

Igor arbeitet als Lastwagenfahrer. Er fährt Lebensmittel aus Krasnojarsk in die Tschunojarer Gegend. Teilweise beliefert er sogar einige seiner ehemaligen Gefängniswärter. Die staunen nicht schlecht, wie positiv Igor sich verändert hat.

Schmunzelnd erzählte er mir, wie er einmal einen Transporter kaufen wollte. Der veranschlagte Preis war ihm viel zu hoch, sodass das Fahrzeug für ihn nicht erschwinglich gewesen wäre. Da fiel ihm die Geschichte aus dem alten Testament ein, in der Josua und das Volk Israel an sieben Tagen Jericho umrundeten und Gott es so in ihre Hand gab.[18] Igor folgte diesem Beispiel, indem er sieben Mal betend um den Transporter herumging. Und siehe da – schließlich bekam er ihn tatsächlich zu einem Preis, den er sich leisten konnte, und nahm ihn fröhlich mit.

Inzwischen besucht Igor gemeinsam mit Juri die Straflager, um anderen Gefangenen weiterzuerzählen, wie Gott sein Leben neu gemacht hat. Er möchte gerne ein »lebendiger Brief Gottes«[19] für die Gefangenen sein.

---

[18] Siehe Josua 6.
[19] Vgl. 2. Korinther 3,3.

Ex-Häftling trifft Ex-Polizist

Igor ist wirklich so ein »lebendiger Brief« für seine Mitmenschen. Ein Mann, der Igor noch von früher her kennt und einen seiner Morde miterlebt hat, sagt: »Wenn ich nicht sowieso schon an Gott glauben würde, würde ich damit anfangen, weil ich die unglaubliche Veränderung in Igor sehe.«

Es klingt wie eine Ironie des Schicksals: Igor wohnt jetzt mit seiner Familie in einem Doppelhaus, in dem in der anderen Hälfte ein pensionierter Polizist lebt. Wir besuchen ihn und seine Frau. Es ist eine schöne Begegnung, vor allem die Frau des Polizisten finde ich sehr nett. Der Mann, dessen blau-weiß gestreiftes, ärmelloses T-Shirt mich witzigerweise an Sträflingskleidung erinnert, war 25 Jahre bei der Polizei. So schließt der Kreis sich wieder: Dieser Rentner war derjenige, der Juri damals ins Gefängnis gefahren hat. Durch Juri kam Igor seinerzeit zum Glauben. Nun wohnt Igor, der insgesamt 14 Jahre im Gefängnis war, mit dem Ex-Polizisten Wand an Wand.

Erfüllt von all dem Gehörten und Erlebten will ich Dienstagabend wieder mit dem Bus zurück nach Osinowy Mys fahren. Juris Familie begleitet mich zur Haltestelle. Auch dieser Bus kommt nicht. Ljuda fällt ein, dass er dienstags und donnerstags ja gar nicht fährt.[20] Eine Stunde lang versuchen wir, an der Hauptstraße ein Auto anzuhalten, das mich mitnehmen könnte. Doch diese Zeit gestaltet sich mehr als ein Pilzesammeln und Beerenpflücken. Keines der drei Autos, die während dieser Stunde vorbeikommen,

---

[20] Jeden Morgen fährt ein Bus, und außer dienstags und donnerstags fährt auch einer abends.

nimmt mich mit. Ljudas Vorhersage, dass ich »zwei bis drei Tage« bleiben könne[21], trifft letztlich also tatsächlich zu. Mittwochmorgen mache ich mich auf den Weg zurück nach Osinowy Mys.

---

[21] Siehe Kapitel „Pudelwohl im Getümmel".

Das weichste Plumpsklo

Galina Michailowna öffnet mir die Tür mit einem Stück Stoff in der Hand. Während sie nebenher die Nähmaschine surren lässt, erzählt sie mir in ihrer energisch humorvollen Art aus ihrem Leben. Sie bittet mich, ihr zu helfen, auf Packpapier das Muster für eine Jacke vorzuzeichnen. Galina legt die alte, abgetragene Jacke ihres Mannes Stück für Stück aufs Papier, um ein Muster für die neue anzufertigen. Dabei geht alles so schnell, dass ich gar nicht mehr weiß, wo nun das obere und wo das untere Ende ist. Zwischendrin wirft Galina aus Versehen sogar eine Schablone zusammen mit den abgeschnittenen Papierresten in den Ofen. Glücklicherweise brennt gerade kein Feuer darin, sodass sie sie wieder herausfischen kann.

Lachend erzählt die autodidaktische Schneiderin, wie sie das erste Kleidungsstück für ihren Enkel genäht hat. Sie hat einfach zu ihm gesagt: »Komm, leg dich da mal hin!« Und als er auf dem Papier lag, hatte sie ruckzuck um ihn herumgezeichnet und somit das Muster für ihr erstes Prachtexemplar erhalten. Irgendwie scheint ihre Methode zu funktionieren. Die Jacke, die Galina für ihren Mann herstellt, sieht – als sie fertig ist – geradezu perfekt aus.

Galina ist durchaus eine kreative Schneiderin. Das wird sogar auf ihrem Plumpsklo sichtbar. Bei den anderen Häusern gibt es an diesem Örtchen keine Sitzgelegenheit, man muss sein Geschäft im Stehen verrichten. Nicht so bei Galina. Bei ihr ist eine Toilettenschüssel in den Holzfußboden eingelassen. Gekrönt wird dieser Thron von einer warmen, weichen Toilettenbrille aus dickem, grauem Filz. Ein so weiches Plumpsklo gibt es wohl wirklich nur bei Galina in Sibirien.

Als ich wieder in ihrer Küche zurück bin, erzählt sie mir von ihrem Sohn Sascha und wie seine Hinwendung zu Jesus auch ihr eigenes Leben in neue Bahnen lenkte ...

Das weichste Plumpsklo

Mit einem Bein im Gemeindehaus

In der Schule bekannte Sascha[22] sich offen zu seinem Glauben. Besorgt fragten die Lehrer Galina: »Wissen Sie, dass Ihr Sohn zu den Amerikanern geht?« So sehr ihr persönlich der neue Glaube auch zuwider war, hielt Galina den Lehrern gegenüber dennoch zu ihm. Selbstbewusst entgegnete sie schlicht: »Ja, das weiß ich«, womit sie jegliche weitere Diskussion unterband. Darüber waren sämtliche Lehrer schockiert. Bisher war Sascha in seiner Klasse stets bewundert worden. Nun wandten sich viele seiner Klassenkameraden von ihm ab.

Die Freundschaft zu Missionarskind Justus hingegen wuchs weiter. Sascha brachte Justus auch mit zu sich nach Hause, und ab und zu kamen die Eltern mit zu Besuch. Anfangs fühlte sich Galina Walkers gegenüber befangen. Wie sollte sie sich gegenüber diesen Amerikanern nur verhalten? Sie kamen doch aus einem ganz anderen kulturellen Hintergrund. Galina wusste nicht recht, wie sie gemeinsame Gesprächsthemen finden sollten.

Im Lauf der Zeit merkte sie, dass Walkers normale Menschen waren. Es gefiel Galina, wie offen und natürlich sie sich mit ihr unterhielten. So wurde auch Galina zunehmend lockerer. Walkers erzählten ihr immer wieder von Gott.

Gläubige aus anderen Städten, ja aus aller Herren Länder, kamen in die christliche Gemeinde nach Osinowy Mys, Besucher aus Lettland, Norwegen und Australien. Viele von ihnen lud Galina zu sich nach Hause ein. Interessiert hörte sie ihren Erzählungen zu.

---

[22] Siehe Kapitel „Sascha ist für mich kein Mensch mehr!"

Besonders angesprochen wurde sie von der Geschichte eines ehemaligen Diebs, den Gott grundlegend verändert hatte. Nach einer einst katastrophalen Ehe, von der er offen erzählte, stand er ihr nun als glücklicher Familienvater zweier Kinder gegenüber. Sie konnte sich mit dem, was dieser Mann über sein einstiges Leben berichtete, gut identifizieren. Galina trank, rauchte und konnte durchaus aggressiv werden. Wenn ihr Mann betrunken war, kam es vor, dass sie, die zu Hause die Pantoffeln anhatte, auf ihn einschlug.

Im April 1999 kam die Wende in ihrem Leben. Galina war gestürzt und hatte sich dabei ein Bein gebrochen. Sonst sprühte sie stets vor Energie, war nie krank und hatte immer etwas zu tun. Nun war sie auf einmal lahmgelegt. David Walker kam vorbei und lud sie in die Gemeinde ein.

Galina muss schallend lachen, als sie sich im Gespräch mit mir an die damalige Situation zurückerinnert.

1999 meinte sie zu dem Missionar: »Wenn ich auf zwei Beinen schon nicht gekommen bin – wieso sollte ich nun auf einem kommen?« Dieses Argument schien David jedoch nicht zu überzeugen. Er wiederholte einfach: »Lass uns gehen!« Galina wollte immer noch nicht und entgegnete: »Nein, ich gehe nicht mit!« So ging es ein paar Mal hin und her. Schließlich meinte David Walker: »Ach, machen Sie sich fertig, wir helfen Ihnen. Das Auto steht schon vor der Tür, und die anderen warten bereits.« Es war Galina unangenehm, dass ihr so viel Aufmerksamkeit gewidmet wurde. Schließlich machte sie sich doch fertig und ging mit. Sie bereute es nicht.

Im Gottesdienst berichteten ehemalige Drogenabhängige aus ihrem Leben. Das berührte ihr Herz. Gott sprach ganz persönlich in ihr Leben hinein. Sie hatte plötzlich das Gefühl, dass das Leben, so wie sie es bisher geführt hatte, nicht richtig war. Sie, die starke Galina, begann zu weinen. Vor Freude darüber, wie Gott Leben verändern kann, und vor Reue über ihre bisherige Lebensführung.

Galinas Mann war nicht sonderlich erfreut darüber, dass sie von diesem Tag an regelmäßig die Gemeinde besuchen wollte. Um sie davon abzuhalten, dachte er sich stets zur Zeit des Gottesdiensts Arbeiten aus, bei denen er ihre Hilfe benötigte. Als sie eines Tages mit »Okay, dann gehe ich eben nicht mehr zur Gemeinde« reagierte, wehrte er jedoch gleich ab, so habe er es ja nun auch wieder nicht gemeint: »Nein, nein, geh nur! Du bist, seit du dahin gehst, so viel besser geworden!« Von da an versuchte er nicht mehr, sie daran zu hindern, die Gottesdienste zu besuchen.

Galinas Schwester war entsetzt darüber, dass sie nun in die Gemeinde ging. Sie berichtete der Mutter, dass Galina in eine »Sekte« gehe. Sämtliche Verwandte beschlossen, sie zu »retten«. Sie verlangten von Galina, so schnell wie möglich ins Altai heimzureisen. So fuhr Galina 2002 tatsächlich mit dem Zug nach Hause. Das Resultat dieser Reise war ein völlig anderes, als ihre Verwandten erwartet hatten. Letztlich war nicht Galina diejenige, die ihren Kurs änderte, sondern ihre Verwandten.

Galina Michailowna

Bisher hatte Galinas Mutter weiße Magie betrieben. Viele Menschen waren zu ihr gekommen, um sich von ihr heilen zu lassen. Sie hatte geglaubt, Gott stecke hinter diesen Praktiken. Nun erkannte sie unter Tränen, dass sie im Grunde genommen gegen Gott gehandelt hatte. Unverzüglich verbrannten sie gemeinsam all die Ikonen und okkulten Bücher, was eine radikale Lebenswende der Mutter mit sich brachte. Galinas Hinwendung zu Gott schlug Wellen. Inzwischen leben ihre Mutter, alle ihre Schwestern, Nichten und Neffen in einer lebendigen Beziehung mit Jesus.

Der Funkturm,
der sich im Wald verirrte

»Hast du schon ein Handy?«; »Weißt du, wie man eine SMS schreibt?«; »Kannst du mir deine Nummer geben?« Wie ein Lauffeuer spricht es sich im Dorf herum, dass es ab heute ein Mobilfunknetz gibt. Auf dem Berg hat man einen Funkturm errichtet. Er ragt zwischen den Bäumen hervor, als habe er sich hierher verirrt. Unten im Tal ist alles wie aus einem Guss: die rustikalen Holzhäuser, die Naturgärten und die frei durchs Dorf laufenden Tiere. Und dann steht da auf einmal dieser steife Metallturm und sendet seine Signale aus.

Es ist ein zeitgeschichtliches Ereignis, mitzuerleben, wie sämtliche Dorfbewohner von einem Tag auf den anderen mit Handys herumlaufen. An diesem Tag sind Mobiltelefone im gesamten Dorf Gesprächsthema Nummer eins. Wo man auch hinkommt, in der Schlange beim Einkaufen oder bei einer Begegnung auf der Straße, reden alle darüber. Zuvor war nie jemand auf der Straße mit einem Handy anzutreffen gewesen. Es gab ja auch keinen Empfang. Doch auf einen Schlag besorgen sich fast alle Dorfbewohner ein Handy oder kaufen sich für ihr bereits vorhandenes, das sie bisher nur in der Stadt verwenden konnten, die entsprechende SIM-Karte.

In dem blauen Holzhaus uns gegenüber sind verschiedene Büros untergebracht, seit heute auch ein Handybüro. Der Andrang auf die SIM-Karten ist groß. Ich hole mir auch eine. Das Handy dazu habe ich schon. Beim Kauf muss ich, wie auch sonst fast überall in Russland, meinen Pass vorzeigen, damit ich als Besitzerin der SIM-Karte registriert werden kann.

Bisher bin ich immer zu Fuß zu den Menschen gegangen, wenn ich sie etwas fragen wollte. Katja hat auch keinen Festnetzanschluss. »Kurz etwas fragen« bedeutete bis gestern meistens, erst einmal Tee zu trinken. Jetzt ist es auf einmal möglich, per SMS oder Anruf etwas auszumachen. Schon komisch, so ganz ohne Teetrinken. Ich weiß nicht recht, was ich darüber denken soll.

Katja hat nach ein paar Tagen Probleme mit ihrem Handy und geht zum Servicebüro gegenüber. Dort können sie ihr nicht weiterhelfen. Stattdessen meint der Mann vom Service: »Ach, fragen Sie da am besten die Deutsche, die bei Ihnen wohnt. Die weiß das bestimmt.« Woher weiß dieser Büroangestellte eigentlich, dass ich jetzt bei Katja wohne? Nun, wenn im Dorf einer etwas weiß, wissen es am nächsten Tag alle. Ab heute lassen sich die Neuigkeiten noch schneller verbreiten – per Handy eben.

Galina telefoniert mit ihrer Freundin Nadja Proskurjakowa. Nadja und ihre Familie haben früher in Osinowy Mys gewohnt – Wand an Wand mit Galinas Familie in der anderen Doppelhaushälfte. Inzwischen leben sie in Perm. Galina meint, in dieser Familie habe sich vieles verändert, als sie Jesus kennenlernten. Sie fragt Nadja am Telefon, ob sie es mir erzählen dürfe. Nadja sagt gerne zu. Galina erzählt …

Drogen und Bibel

Als er aus der Armee zurückkam, hatte Vitali, der älteste von drei Söhnen, zunächst versucht, seinen Eltern gegenüber zu verbergen, dass er Drogen nahm und trank. Doch als er ständig nur noch betrunken war, ließ es sich nicht länger geheim halten. Ein Problem folgte dem nächsten.

Vitali begann, in Krasnojarsk zu arbeiten. Das Geld, das er verdiente, floss direkt in seinen Drogenkonsum. Mit der Begründung, seine Sachen seien gestohlen worden, stand er eines Tages bei seiner Mutter Nadja auf der Matte und bettelte um neue Kleidung. In Wirklichkeit hatte er seine Klamotten in Drogen umgesetzt. Neu eingekleidet schickte sie ihn zurück in die Stadt. Dasselbe wiederholte sich nochmals, was Mutter Nadja sehr zu schaffen machte.

Später zog Vitali wieder nach Osinowy Mys und arbeitete hier als Elektriker. Er hatte eine Wohnung für sich alleine, doch ständig waren Freunde bei ihm, mit denen er sich volllaufen ließ. Nadja litt sehr darunter, dass er nicht mehr arbeitete und sich nur noch herumtrieb. Sie versuchte immer wieder, ihm zu helfen. Leider erfolglos.

Schon immer war Vitali für Übersinnliches empfänglich gewesen. Welche Quellen er dabei anzapfte, war ihm egal. Drogenrausch und Bibellesen ließen sich seiner Auffassung nach durchaus vereinbaren. Eines Tages erschien er volltrunken in der Gemeinde. Er kam immer wieder und suchte öfters bei den Christen Hilfe. Sich aber tatsächlich von Alkohol und Drogen zu lösen, dazu war er nicht bereit.

»Mama, kannst du dafür sorgen, dass ich die Nacht über wach bleibe? Denn ich will morgen früh auf keinen Fall verschlafen, wenn die Leute aus der Gemeinde mich abholen kommen. Sie wollen mich in ein Rehazentrum nach Krasnojarsk bringen«, sagte Vitali eines Abends zu seiner Mutter Nadja. Eigentlich hatte er zu Hause Hausverbot bekommen. Denn er hatte bereits alles, was nicht niet- und nagelfest war, gestohlen. Seine Mutter hatte die Hoffnung eigentlich schon aufgegeben, so oft, wie sie von ihm enttäuscht worden war ...

Doch im Mai 1999 stand diese erbärmliche Gestalt vor ihr und flehte sie um ihre Hilfe an. War er wirklich bereit, sich helfen zu lassen, oder würde er doch wieder einen Rückzieher machen, wie schon so oft? Inzwischen war Vitali durch seinen Lebensstil nierenkrank und hatte schon ein ganz aufgedunsenes Gesicht. So nahm Nadja an, man würde ihn in ein Krankenhaus oder Sanatorium bringen. Unter einem Rehazentrum für Drogenabhängige konnte sie sich nicht wirklich etwas vorstellen.

Ihr war es im Grunde genommen auch egal, wo genau sie ihren Sohn hinbringen würden. Sie war bereit, ihm diese Nacht über beizustehen. Vitali hatte Angst, dass er sich am nächsten Morgen nicht aufraffen könnte, um mitzugehen. Doch diesmal blieb er, trotz der durch die Drogen verursachten Schmerzen, standfest.

Die erste Nacht im Rehazentrum war für Vitali ein Graus. Andere, die auf Entzug hier waren, kamen zu ihm und beteten für ihn. So hatte er sich das ja nicht gerade vorgestellt. Er fasste den Entschluss, sich baldmöglichst aus dem Staub zu machen. Er hatte gehört, dass die Leiterin dieses Zentrums früher Drogendealerin und selbst mehrmals im Gefängnis gewesen war. Sie würde ihn bestimmt verstehen. Sie war doch eine seinesgleichen. Mit dem frommen Kram konnte er nichts anfangen. Zu seinem Entsetzen betete aber auch sie für ihn. Da verstand er, dass sein Plan nicht aufging.

Als sie für ihn betete, geschah etwas Seltsames in ihm. Er wurde ruhiger und wollte einer von diesen Christen werden.

Das kapierte er zunächst selbst nicht. Noch in dieser Nacht gab er all seinen Widerstand gegen Gott auf und begann ein neues Leben. Seine Genesung vollzog sich auffallend schnell. Er hatte kaum Entzugserscheinungen, auch mit seiner Nierenfunktion ging es zusehends bergauf. Nach zwei bis drei Monaten ging es ihm richtig gut. Er lernte Verantwortung zu übernehmen. Bereits ab Herbst desselben Jahres leitete er selbst ein Rehazentrum für Drogenabhängige in Perm. Seine steile Karriere war dort jedoch noch nicht zu Ende, heute ist Vitali Pastor.

Nun war die Familie komplett

Galina und Vitalis Mutter Nadja waren eng befreundet. Sie teilten ihren gesamten Alltag miteinander, auch den ersten Besuch in der christlichen Gemeinde von Osinowy Mys. Ursprünglich kam Nadja auch nur aus Höflichkeit, weil man sie schon so oft eingeladen hatte. Auch sie wurde von dem, was ehemalige Drogenabhängige in den Gottesdiensten berichteten, angesprochen. Wie gut konnte sie das aufgrund der Erfahrungen in ihrer eigenen Familie nachvollziehen. Sie weinte und beschloss, fortan regelmäßig in die Gemeinde zu kommen. Ihr Mann zog nach – auch er kam und blieb. Ihr mittlerer Sohn Juri in Krasnojarsk nahm ebenfalls Jesus an. Jetzt fehlte nur noch Alexei, der Jüngste im Bunde.

Die ganze Familie betete, dass er Gott persönlich kennenlernen würde. Alexei machte in Krasnojarsk seine Ausbildung zum Automechaniker. Er fragte seinem Bruder über Gott und die Welt Löcher in den Bauch. Wusste Juri selbst nicht so recht eine Antwort, verwies er Alexei weiter an Galinas Sohn Sascha im Nachbarhaus. Schon in Osinowy Mys hatten die beiden Familien wie gesagt zusammen in einem Doppelhaus gewohnt. Auch in Krasnojarsk waren die jungen Männer vereint. Einmal redeten Alexei und Sascha die ganze Nacht durch. Alexei fragte: »Warum bin ich so schlecht? Warum mache ich es meiner Familie so schwer? Ich will nicht mehr so weiterleben!«

Sascha rief seine Mutter an: »Du wirst Alexei nicht wiedererkennen, wenn er nach Osinowy Mys kommt!« Galina wunderte sich: »Wieso denn nicht? Natürlich werde ich ihn wiedererkennen!« Sascha beharrte darauf: »Du wirst ihn nicht wiedererkennen!«

Er behielt recht. Als Alexei zu seinen Eltern nach Hause kam, konnte Galina sich selbst davon überzeugen. Der sonst so verschlossene Junge, der bisher scheu jeglichen Augenkontakt gemieden hatte, war tatsächlich nicht mehr wiederzuerkennen. Er trank und rauchte nicht mehr, stattdessen war er auf einmal offen und fröhlich, lächelte und die Worte sprudelten nur so aus ihm heraus. Es war ihm richtig abzuspüren, dass er für Jesus brannte. Er schämte sich nicht dafür. Seinen Freunden sagte er frei heraus, sie sollten die Bibel lesen. Fortan war er im Dorf bekannt als »der Mann mit der Bibel«, weil er das dicke Buch überallhin mitnahm. Auch zur Arbeit. Sein Chef forderte ihn sogar dazu auf, den Kollegen während der Mittagspause aus der Heiligen Schrift vorzulesen, weil er gesehen hatte, wie gut sich Alexei dadurch entwickelt hatte. Dieser Aufforderung kam Alexei gerne nach.

Die Blockhütte im Wald

An einem Abend besuche ich Vera. Wir sitzen in ihrer Sommerküche. Vera, eine etwas kleinere, stämmigere, herzensgute Frau mit grünbraunen Augen und kastanienbraunen kurzen Haaren ist eher eine ruhigere Person. Sie liest gerne. Früher mochte sie gerne Krimis und Romane. Inzwischen bevorzugt sie Biografien und historische Romane. Besonders interessieren sie Bücher über Reformatoren wie Martin Luther.

Ich bin gerade im Begriff, meine Sachen zusammenzupacken und nach Hause zu gehen. Da kommt Veras mittlerer Sohn Pascha herein. Der 26-Jährige, den ich zum ersten Mal sehe, fordert mich in seiner kontaktfreudigen, offenen Art zum Bleiben auf: »Komm, iss noch Fisch mit mir!« Eigentlich bin ich schon satt, weil Vera mich reichlich mit Kohlrouladen versorgt hat. Außerdem bin ich müde, denn ich habe einen langen Tag hinter mir. Von Paschas freundlicher Einladung überrumpelt, setze ich mich wieder hin.

Pascha bietet mir dicke, saftige Stücke Lachs an und gibt mir eine Gabel. Aber dann schaue ich einen Moment ziemlich ratlos aus der Wäsche. Denn er nimmt sie mir sofort wieder weg und reicht mir stattdessen eine Serviette. »Ach, so ein Quatsch«, sagt er. »Wir essen ja Fisch. Wieso gebe ich dir denn eine Gabel? Die brauchst du ja gar nicht.« Wie hier üblich essen wir also den Fisch mit den Fingern. Auch wenn ich in Gedanken amüsiert lächele, schmeckt der Lachs richtig lecker.

Fisch ist hier ein beliebtes Nahrungsmittel. Im Winter sind in dem dick zugefrorenen Fluss Löcher zu sehen, aus denen Stöcke hervorragen, an deren Ende sich Fischfallen befinden. Langsam gewöhne ich mich daran, immer wieder mit rohem, eingelegtem und gedörrtem Fisch durchgefüttert zu werden.

Umgänglich, wie er ist, redet der blonde, blauäugige Pascha gleich drauf los, als seien wir alte Bekannte. Vera sagt, dass er in seiner redseligen Art eher wie sein Vater sei. »Den Lachs habe ich natürlich nicht selbst geangelt. Den gibt's hier ja nicht. Aber so fünf Mal im Jahr gehe ich mit fünf Freunden für fünf Tage auf die *Rybalka* (auf Fischfang).«

»Was für Fische fangt ihr denn so?«, frage ich nach. »Zum Beispiel Sterlet. Diese kleine Störart finde ich am besten.« »Und was noch?« »Stör, Hecht, Barsch und Quappe (Aalquappe). Auf Fischfang gehen ist echt klasse. Wir fahren in die Richtung, wo ein paar Altgläubige wohnen.« »Ah, Richtung Burny?« »Hey, woher kennst du denn dieses kleine Kaff mitten in der Taiga?« »Tja«, grinse ich, »da staunst du, was?«

Ich erzähle ihm, dass ich mich hier im Dorf schon mit vielen Leuten unterhalten habe. Pascha nickt: »Ah, okay, ich verstehe. Wo war ich doch gerade? Ach ja, also wir fahren Richtung Burny. Dort haben wir uns im Wald eine kleine Blockhütte und eine Banja gebaut. In der Blockhütte stehen zwei breite Betten, in denen dann jeweils drei von uns Männern schlafen. Außerdem haben wir noch einen Tisch – extra, um Fische auszunehmen. Unsere Schlafsäcke, ein Radio und einen Campingkocher lassen wir einfach das ganze Jahr über dort. Im Sommer bringen wir immer eine neue Gasflasche. Die reicht für eine Saison.«

»Schließt ihr die Hütte ab, oder steht sie einfach offen, sodass auch andere dort übernachten können?« »Die steht einfach offen.« »Aber stiehlt dann niemand eure Sachen?«, wundere ich mich. Pascha lacht: »Wir kennen doch alle, die zum Fischen dorthin fahren. Außer denen übernachtet da niemand. Und die würden es nicht wagen, was zu stehlen.«

Während Pascha und ich uns unterhalten haben, saß Vera schweigend daneben. Ich stehe auf und möchte mich verabschieden. Sie bringt mich bis zum Gartentörchen. Auf dem Heimweg denke ich über den schönen Abend nach. Nett, dass ihr Sohn Pascha sich dazugesetzt hat. Ich finde es hochinteressant, wie sachte und dennoch ganz deutlich Gott im Leben der einzelnen Menschen hier sichtbar wird ...

Leise, still und heimlich

Gemeinsam mit Galina und Nadja arbeitete Vera als Buchhalterin im Kontor der staatlichen Holzindustrie. Vera war anfangs dagegen, dass Galina und Nadja in die Gemeinde gingen. Es war ihr suspekt, da die Gemeinde nicht orthodox und ihr der Glaube der Amerikaner fremd war. Aber es interessierte sie, worin die Unterschiede zwischen dieser Gemeinde und dem ihr bekannten Glauben lagen.

Vera wollte sich mit ihrer Großmutter darüber austauschen, denn die war eine engagierte orthodoxe Christin. Schon in früher Kindheit hatte Vera von ihren Großeltern das Vaterunser gelernt. Ihr Opa hatte immer biblische Geschichten vorgelesen. Die Großmutter hatte stets aufmerksam zugehört und sich alles gemerkt. Sie hatte nur die erste Klasse besucht. Das hatte nicht ausgereicht, um lesen zu lernen. Als Veras Großvater älter geworden war und sich sein Leben immer mehr dem Ende zuneigte, hatte er seiner Frau dann doch noch das Lesen beigebracht, damit sie selbst in der Bibel lesen konnte. Täglich hatten sie zusammen anhand biblischer Texte geübt. Wenn es auch nicht besonders flüssig klang, so las die Großmutter doch gerne aus der Bibel vor. Vera hatte ihr dabei immer nur aus Höflichkeit zugehört, der Inhalt war bei ihr zum einen Ohr herein- und zum anderen wieder hinausgegangen. Doch jetzt war Vera dankbar, dass sie mit ihrer Großmutter darüber reden konnte. Sie erzählte ihr, dass in dieser neuen Kirche zwar Gott angebetet wurde, aber nicht Maria, und dass es dort keine Ikonen gab.

Als es Vera einmal schlecht ging, fiel ihr ein, dass irgendwo bei ihnen ein Neues Testament herumliegen musste. Ihr

Sohn Pascha hatte es als Kind von den Christen geschenkt bekommen. Bisher hatte es keinerlei Beachtung gefunden. Nun las Vera immer wieder darin, besonders wenn sie in Problemen steckte. Wenn sie etwas nicht verstand, fragte sie ihre Großmutter, was es bedeutete.

Veras Sohn Serjoscha wollte die Ausbildung zum Polizisten machen. 2002 fuhr sie mit ihm zur Aufnahmeprüfung nach Krasnojarsk. Als Mutter machte sie sich Sorgen, wie seine Prüfung laufen würde. Da kam ihr Sohn Pascha mit einer Bibel daher, irgendwo hatte er diese Gideon-Bibel geschenkt bekommen. Er dachte, dass sie Vera vielleicht helfen würde, sich zu beruhigen. Es wirkte tatsächlich. Als Vera während Serjoschas Aufnahmeprüfung darin las, war deutlich weniger Aufregung im Raum.

Im Januar 2003 lud Nadja Vera zu einem Frauenkreis ein. Sie trafen sich einmal pro Woche, wobei Nadja Themen zu Fragen des Lebens und der Bibel vorbereitete. Sie begannen, gemeinsam für ihre Angehörigen zu beten. Nach einer Weile kam Vera auch mit zu den Gottesdiensten.

Ganz leise, still und heimlich wuchs Vera immer mehr in die christliche Gemeinschaft in Osinowy Mys und in den Glauben hinein. Seit April 2006 trifft sie sich mit Tamara morgens zum Beten. Später kam noch meine Gastgeberin Katja Fjodorowna hinzu.

Beten lohnt sich

Zwischen unserer Morgengymnastik und dem Frühstück gehen Katja und ich zum Beten. Wir treffen uns bei Tamara. Ich staune, wie wichtig es Katja ist, dass wir pünktlich sind. Sonst spielt Zeit ja kaum eine Rolle im sibirischen Hinterland. Bei diesen Gebetstreffen jedoch legen die Frauen wert darauf, dass wir wirklich um 6.45 Uhr beginnen.

»Psst, leise, die Nachbarn schlafen noch«, ermahnt Tamara uns, als wir sie fröhlich begrüßen. Wieder amüsiert mich die knallbunte Rotkäppchentapete in ihrer Küche. Wir schleichen uns in Tamaras Wohnzimmer. Erst setzen wir uns auf ihr Sofa und die Stühle mit braun-weißen Überzügen. Vom Sofa aus streift mein Blick ein Frisiertischchen mit großem, blank poliertem Spiegel, auf dem allerlei Döschen, Cremes, Bürsten und dergleichen liegen. Katja seufzt und klagt ein wenig über gesundheitliche Beschwerden. Vera schildert, wie es ihrem Mann und ihren drei Söhnen geht. Tamara hört zu und gibt ab und zu Kommentare zu dem Gesagten. Ich bin noch ziemlich müde.

Um punkt 7.00 Uhr wirft Tamara einen Blick auf die Uhr: »Kommt, lasst uns anfangen zu beten.« Sie gibt Vera und mir jeweils eine altweiße Flanelldecke und nimmt sich selbst ihr rot-türkises Kissen, damit wir uns um ihr Bett herum hinknien können. Mein Platz ist neben Vera.

»Jubelt dem Herrn zu, ihr Bewohner der Erde!«, zitiert sie mit sanfter Stimme Psalm 100. Wir anderen stimmen ein: »Betet ihn voll Freude an. Kommt zu ihm und lobt ihn mit Liedern. Erkennt, dass der Herr Gott ist! Er hat uns geschaffen und wir gehören ihm. Wir sind sein Volk, die Schafe seiner Weide. Geht durch die Tempeltore mit Dank, tretet ein in seine Vorhöfe mit Lobgesang. Dankt ihm und lobt seinen Namen. Denn der Herr ist gut. Seine Gnade hört niemals auf und seine Treue gilt für immer.«

Ich freue mich, dass ich den Psalm in Russisch nach ein paar solcher Treffen bereits auswendig kann. Dann beten wir Gott reihum mit unseren eigenen Worten an. Wir danken ihm für seine Liebe, Güte, Geduld und viele andere seiner wunderbaren Eigenschaften. Einmal bin ich noch so müde, dass Katja mich anstupst und mir zu verstehen gibt, dass ich an der Reihe bin.

Anschließend bitten wir Gott um Vergebung für Gedanken, Worte und Taten und danken ihm dafür, dass Jesus dafür gestorben ist. Zum Schluss wird ausgiebig für alle Familien, Freunde, Bekannte und Nachbarn gebetet. Es beeindruckt mich, mit welcher Treue diese Frauen täglich Gott anbeten und ihre Anliegen gemeinsam vor ihn bringen. Es bedeutet mir viel, dass sie mich in ihre vertraute Gemeinschaft mit hineinnehmen.

Jeden Morgen danken sie Gott dafür, dass er hier im Dorf eine Gemeinde aufgebaut hat. Dass es dazu kam, war eine Antwort Gottes auf Gebet, wie Justus, David Walkers Sohn, der inzwischen Pastor der Gemeinde in Osinowy Mys ist, eines Tages völlig unverhofft erfährt ...

Die Gemeinde – eine Gebetserhörung

Während einer Amerikareise sprach Justus als Gastprediger in einer Gemeinde in Portland, Oregon, und berichtete dabei unter anderem von Osinowy Mys. Anschließend kam eine Frau aus Kalifornien auf ihn zu, die an eben diesem Tag »zufällig« ebenfalls in dieser Gemeinde in Portland zu Besuch war.

Justus war verblüfft, wie sehr sie ihn von ihrem Aussehen her an eine Frau aus Osinowy Mys erinnerte. Bewegt teilte sie ihm mit, dass sie und ihre Mutter jahrelang für die Entstehung einer christlichen Gemeinde in Osinowy Mys gebetet hatten.

In den 80er-Jahren war ihre Familie wegen der Christenverfolgung in der damaligen Sowjetunion nach Amerika ausgewandert. Nur ihre Schwester, eben diejenige, der sie zum Verwechseln ähnlich sah, blieb mit ihrem Mann in Osinowy Mys zurück. Da ihre Schwester noch keine persönliche Beziehung zu Gott hatte, beteten die Frau und ihre Mutter sieben Jahre lang treu dafür, dass Gott Missionare in ihr sibirisches Heimatdorf schicken sollte, um eine Gemeinde aufzubauen. Wie glücklich war die Frau, als sie erfuhr, dass Gott ihre Gebete erhört hatte.

Scharfer Senf und Salo

Rauch beißt mir in der Nase, als ich die Sommerküche von Viktor und seiner Frau Klawa betrete. Die ursprünglich weißen, dünnen Vorhänge vor den Küchenregalen sind vom Rauch vergilbt. Aber auf so etwas achte ich schon bald nicht mehr. Denn ich genieße es einfach, dass Viktor mir Fotos zeigt – wie gewöhnlich von Familienfeiern, Hochzeiten, Kindern und Enkelkindern ...

In der Sommerküche von Viktor und Klawa

Viktor, der genau das gleiche blau-weiß gestreifte, ärmellose T-Shirt trägt wie der Polizist in Tschunojar, kocht gerne. Es macht ihm offensichtlich Freude, seine Gäste zu umsorgen. Ich komme kaum mit Essen und Trinken hinterher, bei den vielen russischen Spezialitäten, die er mir anbietet. Erst gibt es *Schtschi*, eine typisch russische Kohlsuppe. Ehrlich gesagt habe ich diese Suppe bisher oft als fad empfunden. Aber Viktor scheint sich wirklich aufs Kochen zu verstehen, so schmackhaft, wie er sie gewürzt hat.

Wie überall in Russland gibt es natürlich Brot dazu. Viktor strahlt, als er mir selbst gemachten scharfen Senf anbietet. Als ich zum ersten Mal russischen Senf aß, meinte ein hartgesottener russischer Kerl, der mit am Tisch saß, scherzhaft: »Was für den Russen gut ist, bringt Deutschen den

153

Tod!« O ja, dieser Senf zieht wirklich durch die Nase. Ich habe das Gefühl, dass sämtliche Atemwege schon beim ersten Bissen Brot mit Senf frei sind und ich Feuer aushauchen könnte.

Als Nächstes bietet Viktor mir *Salo* (sprich: Sala) an, weißen, schmierigen, sehr fettigen Speck. Der mit Salz, Knoblauch und Gewürzen bis zu einem Jahr in einer Holzkiste gereifte Salo soll helfen, »den Winter gesund durchzustehen«. Er wird in dicken Stücken einfach so gegessen – mit Brot natürlich. Weil ich Speck generell nicht so mag, denke ich nur: »Augen zu und durch!« Der Salo zersetzt sich auf meiner Zunge wie glibberiger Schnee. Es schüttelt mich. Viktor hat seinen Spaß dabei. Nun ja, bis ich Salo nach Herzenslust verzehren werde, müssen wohl noch ein paar sibirische Winter ins Land ziehen.

Viktors Frau Klawa hat eine etwas mütterliche Figur und dunkelbraune, kurze Haare. Sommers wie winters sehe ich sie barfuß. Manchmal geht sie sogar im Schnee ohne Strümpfe und Schuhe nach draußen. Sie sei so oft statisch aufgeladen, dass sie, um keine elektrischen Schläge zu bekommen, lieber barfuß laufe, erklärt Klawa. Sie ist es so sehr gewöhnt, dass sie keine kalten Füße mehr bekommt.

Klawa trägt häufig selbst hergestellte Kleidung. Stolz präsentiert sie mir eine rosa-lila Wolljacke mit aufgesticktem Blumenmuster, die sie selbst gestrickt hat. Sie liebt es, zu nähen und zu stricken. Anfangs schneiderte sie einfach für sich selbst. Als es aber in den 90er-Jahren in den Geschäften fast nichts mehr zu kaufen gab, begann sie, auf Bestellung auch für andere zu nähen. Die Leute brachten ihr Stoffe, sie nähte daraus Hemden, Hosen und *Chalats* (Kittel) für sie. Je mehr Übung sie bekam, desto mehr nähte sie auch festliche Kleidung wie Damenkostüme. Beim gemeinsamen Tee plaudert sie aus dem Nähkästchen …

Ein »windiges Mädchen«

»So kommt ihr hier nicht rein! Geht nach Hause!« Klawa und eine ihrer Freundinnen wurden an der Tür einer orthodoxen Kirche barsch abgewiesen. Sie trugen keine Kopftücher, dafür aber Miniröcke und Stöckelschuhe. Klawa war damals 14 Jahre alt und wollte so gerne erwachsen aussehen, doch den Babuschkas unter den wuchtigen Säulen am Eingang des Gotteshauses war ihr Outfit eindeutig zu wild.

Auch später zog Klawa sich gerne aufreizend an und nahm das Leben leicht, sie lebte ihre Sexualität frei aus. Frauen mit einem solchen Lebensstil nennt man in Russland auch »windige Mädchen«. Ihr lockerer Umgang mit Männern führte dazu, dass Klawa insgesamt sechzehn Mal abtrieb. Abtreibungen sind in Sibirien gängige Praxis. Aus verschiedenen Quellen habe ich unglaubliche Zahlen gehört. Die Leiterin einer Abtreibungsklinik meinte, dass die Durchschnittsrate in ihrer Region bei acht Abtreibungen pro Frau liege. So unfassbar schon diese Zahlen klingen, schätzen andere die Abtreibungsrate sogar noch höher ein. Kaum eine Frau in Sibirien hat noch kein Kind abgetrieben.

Wieder einmal war Klawa ungewollt schwanger. Damals arbeitete sie mit einem Mann namens Walodja zusammen im Wald. Sie produzierten Schwellen für die Bahn, ein Knochenjob. Die Kollegen und sie trieben ihren Spott mit Walodja, denn er glaubte an Gott. Höhnisch forderten sie ihn heraus: »Erzähl uns doch von deinem Gott und lies uns aus der Bibel vor!« Walodja ließ sich nicht darauf ein. Ihm war Gottes Wort zu kostbar, um es von seinen Kollegen zerreißen zu lassen. Klawa war sich aber sicher, dass er im Stillen für sie betete.

Wie gewohnt, wollte Klawa auch dieses Baby abtreiben. Gott bewahrte sie davor. Sie konnte es sich selbst nicht erklären, doch hatte sie mit einem Mal den Wunsch, das Kind auszutragen. Im November kam ihr erster Sohn Alexei zur Welt, aber mit einer Krankheit. Eine Freundin besuchte die junge Mutter. Als sie das kranke Kind sah, schlug sie vor: »Lass uns beten!« Das war Klawas erstes Gebet in ihrem Leben. Gott erhörte es und nahm die Krankheit ihres Säuglings weg.

Von nun an ging sie verantwortungsbewusster mit ihrem Leben um. Sie lernte Viktor kennen und ließ sich auf eine feste Beziehung mit ihm ein. 1980 heiratete sie ihn. Nach zehn Monaten Ehe kam ihr zweiter Sohn Elia zur Welt.

Tanja, eine Frau aus der Gemeinde in Osinowy Mys, lud Klawa zu einer kleinen Gruppe ein, die sich wöchentlich bei ihr traf, um mehr über die Bibel zu erfahren. (Tanja, eine Kinderärztin, ist inzwischen an Krebs verstorben.) Ab und zu kam Klawa. Sie »hörte, hörte und hörte«, wie sie selbst es mir gegenüber ausdrückt. Langsam wuchs ihr Interesse an Gott. Bis dann eines Tages die innere Mauer, hinter der sie sich Gott gegenüber verschanzt hatte, einstürzte und sie ihr Herz von Gottes Liebe berühren ließ. An diesem Tag nahm sie es ganz persönlich für sich in Anspruch, dass Jesus für all ihre Schuld gestorben war. Sie wusste einfach: »Gott hat mir alle meine Schuld vergeben – selbst die 16 Abtreibungen.«

In Klawa begegnet mir eine Frau mit Charakter, die heute trotz mancher Schwierigkeiten geradlinig ihren Weg geht.

Dreißig Hennen und drei Hähne

Als ich zu Saschas und Tanjas[23] Familie komme, bin ich erstaunt, wie modern es bei ihnen aussieht. Im Gegensatz zu den anderen Dorfbewohnern, die ich besuche, haben sie sogar ein Badezimmer mit Wanne. Sonst hatte ich außer der Banja in der Regel nur ein kleines Waschbecken in der Küche entdeckt. Außerdem haben sie eine Waschmaschine und in der Küche eine Mikrowelle. Die Wohnung ist besonders gepflegt, akkurat hergerichtet und auffallend groß – ein ehemaliges Kindergartengebäude.

2001 hatte Sascha das Haus für »besondere Verdienste bei der Arbeit« von der Dorfverwaltung zugeteilt bekommen. Damals stand es leer, die anderen Leute hatten sich schon bedient, sie hatten sämtliche Fenster und den Ofen ausgebaut und mitgenommen. Tatkräftig machte Sascha sich ans Werk und renovierte das Haus.

Tanjas Sohn Andrei, genannt Andruscha, spielt in seinem Zimmer Computerspiele. Das verwundert mich, weil ich so etwas im Dorf noch nicht gesehen habe. Tanjas Mann Sascha ist bei der Arbeit, Katja in der Schule.

Tanjas Familie

---

[23] Nicht die Tanja aus dem vorigen Kapitel.

»Taaanja«, ruft eine Nachbarin extrem laut draußen vor dem Fenster. Tanja geht zu ihr hinaus. Sie kommt mit einem schweren verrosteten Kübel zurück, in den die Nachbarin Kohlpflanzen für ihre Oma gesetzt hat. Tanjas Neffe steht plötzlich im Flur und holt 60 Eier bei ihr ab; 30 für seine Familie und 30 für Tanjas Mutter. In Tanjas Garten tummeln sich nämlich fröhlich gackernd 30 Hühner und drei Hähne. Auch in ihrer Wohnstube geht es zu wie im Hühnerstall – ein Kommen und Gehen. Außerdem klingelt immer wieder das Telefon. Noch eine andere Tanja, eine hübsche Freundin mit dick aufgetragenem rotem Lippenstift, kommt mit ihrem kleinen Sohn und ihrer Nichte vorbei. Wir haben viel Spaß miteinander …

Überrumpelt

Schwupps – wieder flog ein Zettelchen von Sascha quer durchs Klassenzimmer. Tanja und ihre Freundinnen steckten kichernd die Köpfe zusammen, als sie es lasen: »Ich mag dich! Willst du mit mir gehen?« Noch lange hob Tanja Saschas Zettelchen auf.

Tanja Borisowna und Sascha Michailowitsch wuchsen beide in Osinowy Mys auf. Was immer sich in der Schule ereignete, Sascha war stets Tanjas Beschützer. Mit der Zeit gingen sie zusammen aus. Anfangs genierte Tanja sich noch, mit Sascha zum Tanzen und ins Kino zu gehen (eine Zeit lang gab es tatsächlich ein kleines Kino im Dorf). Sie kamen sich immer näher und heirateten früh. Tanja war damals erst 16 Jahre alt. Als sie 17 war, kam ihre Tochter Katja zur Welt.

1995 benötigte Tanja einmal 300 Rubel, um Schulden zu begleichen. Sie wusste nicht, von wem sie sich das Geld ausleihen könnte. Sie fragte eine Bekannte um Rat. Diese meinte: »Ich bringe dich zu jemandem, der es dir leiht.« Als Tanja merkte, dass sie sich auf dem Weg zur ehemaligen Kinderkrippe befanden, dem damaligen christlichen Gemeindehaus, wurde ihr klar, dass ihre Bekannte sie zu den Amerikanern bringen wollte. Das war ihr unangenehm. Sie hatte gehört, dass diese Familie Neue Testamente verteilte und alle Leute zum Gottesdienst einlud. Ansonsten wusste sie aber nicht viel über sie.

Wie käme das denn an, gleich mit der Bitte, ihr Geld zu leihen, bei den Fremden aufzukreuzen? Tanja ging trotzdem mit und erhielt das Geld. Zunächst sollte sie unterschreiben, dass sie es zurückgeben würde. Doch dann kam Pastorenfrau June hinzu und sagte: »Sie braucht nicht zu unterschreiben, ich vertraue ihr.«

Wie kam die Amerikanerin dazu, so etwas zu sagen, wo sie Tanja doch gar nicht kannte? Bis hierhin war es schon befremdlich genug, doch Walkers setzten noch eins drauf; die ganze Familie betete für sie. Tanja kam sich überrumpelt vor. Außerdem bekam sie, wie erwartet, noch ein Neues Testament mit einem weichen, schwarzen Ledereinband geschenkt. Manchmal schmökerte sie in der Folgezeit darin, verstand aber nichts von dem, was sie las. Tanja traf sich nicht weiter mit Familie Walker, sondern ließ das geliehene Geld nach zehn Tagen einfach über ihre Bekannte zurückgeben.

Die Hüterin der Bücher

Zehn Jahre später, im Februar 2005, traf Tanja Galina Michailowna. Nachdem Galina sich erkundigt hatte, wie es Tanja gehe, meinte sie selbst: »Mir geht es so gut. Ich habe solche Freude!« Sie lud Tanja zu sich nach Hause ein. Bei diesem Besuch fragte Galina Tanja, ob sie an Gott glaube. »Ja«, gab Tanja zur Antwort, »ich glaube, dass es irgendeinen Gott gibt.« Da Tanja aber nichts über den Gott der Bibel wusste, erzählte Galina ihr von der Schöpfung und von Jesus Christus. All das war völlig neu für Tanja.

Außerdem meinte Galina, dass Gott Aberglauben nicht gutheißt. Tanja war schockiert über diese Aussage, denn sie war sehr abergläubisch. Zum Beispiel glaubte sie, dass es Streit herbeiführen würde, wenn man aus Versehen Salz ausschüttet, sodass man schnell Zucker darüberstreuen müsse, um den Streit zu verhindern. Tanja hütete sich davor, Krümel mit der Hand vom Tisch zu wischen, weil sie dachte, das würde Geldmangel mit sich bringen. Besteck fallen zu lassen würde zur Folge haben, dass gleich jemand zur Tür hereinkommt.

»Kein Wunder, ob mit Besteck oder ohne, es kommt eh ständig jemand vorbei«, denke ich, als sie mir das erzählt.

Tanja hatte stets gedacht, dass »ein Gott« hinter Horoskopen und Wunderheilern stehen würde. Weil sie ihren Aberglauben immer gut gefunden hatte, wollte sie ihn eigentlich auch an ihre Kinder weitergeben. Wie sollte sie das, was Galina behauptete, einordnen?

Galina gab Tanja mehrere christliche Broschüren mit und Tanja begann, darin zu lesen. Außerdem las sie im Neuen Testament. Dieses Mal war sie sehr angesprochen. Ihr war, als handle die Bibel von ihr ganz persönlich. In ihr tobte ein Kampf. Tanja erkannte, dass sie nicht richtig lebte, konnte aber keinen inneren Frieden finden.

Am Ende jedes der Hefte, die Galina ihr mitgegeben hatte, war ein Gebet abgedruckt, um ein Leben mit Gott zu beginnen. Das machte Tanja Angst. Als sie mit ihrem Mann Sascha über all das, was sie beschäftigte, reden wollte, murmelte er nur: »Es ist ja in Ordnung, wenn du das liest, aber lass mich damit in Ruhe!« Also gab sie Galina die Bücher mit den Worten wieder zurück: »Ich werde sie nicht weiterlesen. Ist doch alles Quatsch, was da drinsteht!«

Zweimal kam sie noch zu Galina zu Besuch, doch dann ging sie nicht weiter zu ihr. Als Galina sie nochmals in die Gemeinde einlud, entgegnete Tanja: »Ich komme nicht!« Galina fragte sie: »Was hält dich zurück? Führst du etwas Übles im Schilde, oder was ist mit dir los?« Irgendwie hatte Tanja Angst, ihr bisheriges Leben loslassen zu müssen, obwohl sie im Grunde genommen damit unzufrieden war. Sie wusste selbst nicht genau, was sie zu verlieren fürchtete.

Die Fragen ließen Tanja nicht mehr los: »Ist das, was in der Bibel steht, die Wahrheit?« An wen konnte sie sich wenden, um Antworten zu bekommen? Da kam ihr die Bibliothekarin in den Sinn, die musste sich ja schon von Berufs wegen in der Bibel auskennen. So ging Tanja in die Bibliothek im Clubgebäude.

Sie betrat den dunklen Saal. Es roch etwas muffig. Auf den Tischen stapelten sich dicke Wälzer und Romane kreuz und quer, dafür waren die Regale eher leer. Hinter einem Schreibtisch voller Listen schob die Bibliothekarin ihre ausgesprochen große Brille in der Farbe vergilbter Buchseiten auf die Nasenspitze, blickte Tanja mürrisch darüber hinweg an und grummelte: »Sluschaju was?« (Ich höre?). Tanja fragte sie: »Ist das, was in der Bibel steht, wahr?« Mit einem leicht negativen Unterton in der Stimme bemerkte die Hüterin der Bücher: »Du interessierst dich also dafür. Letztendlich wirst du noch in dieser Gemeinde landen. Wir rechtgläubig Orthodoxe sollten da nicht hingehen!« Mit kaltem Blick wandte sie sich wieder ihren Listen zu.

Tanja ließ die Schultern hängen und machte sich davon. Mit dieser Aussage konnte sie nicht viel anfangen, denn sie selbst betrachtete sich überhaupt nicht als orthodox. Nur ein einziges Mal in ihrem Leben war sie bisher in einer orthodoxen Kirche gewesen – das war es dann auch schon mit ihrer Orthodoxie.

»Ich komm mit!«

Eines Tages wagte Tanja es dann doch, in den Gottesdienst der christlichen Gemeinde zu gehen. An diesem Sonntag feierten sie Abendmahl. Da sie ja nicht gläubig war, nahm sie konsequenterweise auch nicht daran teil. Zudem war ihr das mit dem gemeinsamen Weintrinken suspekt. Sie hatte schon Gerüchte gehört, dass der Tee, den eine Frau bei den Fremden getrunken hatte, vergiftet gewesen sei – wie auch immer es zu solchen Aussagen gekommen sein mochte.

Die Predigt von Justus, dem inzwischen erwachsenen Sohn der Missionare, der die Gemeinde heute betreut, gefiel ihr gut. Was er sagte, war so verständlich und alltagsnah. Dann war da noch ein Ehepaar aus der Siedlung Oktjabrski, das Liedbeiträge brachte. Ihren Gesang fand Tanja ebenfalls schön. Aber sie empfand die Lieder als zu laut. So stellte Tanja es sich in einer Kirche nicht vor. In einem Gottesdienst musste es doch ruhig zugehen. Sie fasste den Entschluss, nicht wieder in die Gemeinde zu gehen. Doch sie wollte weiterhin das Neue Testament lesen. Sie wollte glauben – aber für sich alleine, einfach nur in ihrem Herzen.

Wieder einmal ließ Galina nicht locker und hakte nach, wann Tanja wiederkäme. Sie fügte hinzu: »Oder meinst du, bei dir sei alles in Ordnung, sodass du es nicht brauchst?« Tanja antwortete: »Bei mir ist alles Ordnung.« In ihrem Inneren fand weiterhin ein Kampf statt.

Wenn sie sich selbst gegenüber ehrlich war, spürte sie, dass irgendetwas nicht stimmte. Es war ein längerer Prozess, bis sie erkannte, dass es auch in ihrem Leben Sünde gab. Ihr teilweise liebloser Umgang mit Familienangehörigen machte sie betroffen. So wollte sie nicht weiterleben. Ganz für sich alleine, im Stillen, traf sie daher die Entscheidung für ein Leben mit Gott.

Sie spürte, dass es gut wäre, Gemeinschaft mit anderen Christen zu haben. Dann dachte sie wieder, dass dies doch nicht unbedingt nötig sei. Sie wollte dieses dumme Gefühl loswerden. Also machte sie sich im Neuen Testament auf die Suche nach Versen, die bestätigten, dass man auch einfach so für sich glauben könne. Stattdessen stieß sie auf lauter Bibelstellen wie: »Sie schlossen sich den anderen Gläubigen an, unterstellten sich der Lehre der Apostel und der Gemeinschaft und nahmen teil am Abendmahl und am Gebet.«[24] Oder: »Spornt euch gegenseitig zu Liebe und guten Taten an. Und lasst uns unsere Zusammenkünfte nicht versäumen, wie einige es tun ...«[25] In ihr brodelte es, andere Leute begannen das zu spüren und meinten: »Irgendetwas zieht dich zu diesen Christen hin.«

Im September entdeckten die Ärzte bei Tanja einen Tumor. Zunächst sah es aus, als sei es nichts Ernsthafteres. Doch im Dezember musste sie operiert werden. Anfangs dachte sie, nach drei Tagen wäre alles erledigt, doch daraus wurden drei lange Wochen. Erst nach der Operation Anfang Dezember teilten die Ärzte ihr mit, dass es sich um Krebs gehandelt hatte. Eine Woche später wurde sie vorsichtshalber nochmals operiert. Im Krankenhaus las Tanja die ganze Zeit über in ihrem Neuen Testament. Ihr Mann Sascha, der sich zu Hause um den Rest der Familie kümmerte, sorgte sich sehr um sie. In seiner Verzweiflung begann er, für sie zu beten, und fand dadurch zu Gott.

Am 23. Dezember wurde Tanja entlassen. In der Zeit bis Juni musste sie immer wieder zur Chemotherapie nach Krasnojarsk. Sie fühlte sich elend. Als sie zwischen zwei

---

[24] Apostelgeschichte 2,42.
[25] Hebräer 10,24.25a.

Chemotherapien wieder in Osinowy Mys war, rief Galina sie an. Tanja erzählte ihr von ihrem Krebs. Nadjas Sohn Vitali und seine Frau waren zu diesem Zeitpunkt in Osinowy Mys im Urlaub. Sie besuchten Tanja, redeten mit ihr, erzählten ihr noch mehr über Gott und beteten mit ihr.

Es war Frühling 2006, als Galina mit den Missionaren David und Justus Walker zu Tanja kam. Auch dieses Mal beteten sie für Tanja, doch jetzt empfand sie es ganz anders als damals – nicht mehr als befremdend, sondern vertraut. Von selbst sagte sie, dass sie gerne in die Gemeinde kommen wolle. Justus lächelte und meinte anerkennend: »Du hast dich sehr verändert, seit du das erste Mal bei uns im Gottesdienst warst!«

Am 23. April 2006 telefonierte Tanja mit Galina. Sie fragte: »Kann ich zum Ostergottesdienst kommen?« Galina antwortete voller Freude: »Aber natürlich! Unbedingt! Wir freuen uns!« Nach dem Telefonat teilte Tanja ihrem Mann mit: »Ich gehe zur Kirche!« Seine Reaktion lautete: »Ich komme mit!« Wieder griff Tanja zum Hörer und erkundigte sich bei Galina: »Kann mein Mann auch mitkommen?« Galina jubelte innerlich vor Freude und sagte: »Ja, super, kommt einfach beide.«

Das mit der Tschunojarer Gemeinde gemeinsam gefeierte Osterfest gefiel sowohl Tanja als auch Sascha richtig gut. Seitdem nehmen sie regelmäßig am Gemeindeleben teil. Noch im Juli desselben Jahres ließen sich beide taufen.

Kühe im Stau

Während meiner Zeit in Osinowy Mys lässt sich auch Tanjas Tochter Katja taufen. Ich bin froh darüber, es mitzuerleben. Denn samstags treffe ich mich immer mit Katja und zwei anderen Teenagermädchen, zwei Schwestern. Wir nennen unsere kleine Gruppe *Swetschki*, was so viel wie »kleine Kerzen« bedeutet. Wir wollen inmitten von Dunkelheit kleine Lichter sein, reden über persönliche Themen, lesen in der Bibel, haben jede Menge Spaß und unternehmen alles Mögliche zusammen.

Viele Jugendliche im Dorf beginnen oft aus purer Langeweile bereits früh, Alkohol zu trinken. Außer der Schule, einem Volleyball-Team und Discoabenden im Club gibt es im Grunde genommen kaum Freizeitaktivitäten für junge Leute. Da möchten wir gerne einen Akzent setzen, dass es doch mehr im Leben gibt.

Außerdem möchten wir anderen helfen. Wir besuchen zum Beispiel zusammen Babuschkas. Eine von ihnen ist Baba Galja. Wir helfen ihr, Holz zu stapeln. Sie erzählt uns, dass ihr vorheriges Haus abgebrannt ist. Dabei verlor sie wirklich alles, was sie hatte. Sie erwähnt, dass sie so gerne mal wieder backen würde, doch ihren Backofen hatte sie bei dem Brand verloren. Die Familie der beiden Schwestern unserer Swetschkigruppe hat tatsächlich einen Backofen übrig. In einer Schubkarre bringen wir ihn Baba Galja vorbei. Sie freut sich unsagbar darüber; herzt, drückt und küsst uns und wünscht uns alles Gute und Gesundheit.

Eine weitere Babuschka ist *Tjotja* (Tante) Polja. Ein schmaler Pfad führt zu ihrem am Berg gelegenen Haus. Links und rechts vom Weg stehen hohe Bretterzäune.

Einmal, als ich diesen Pfad entlanggehe, kommt es zu einem regelrechten Verkehrsstau. Eine Herde hellbrauner, wuscheliger Kühe kommt mir entgegen. Im Sommer laufen die Tiere in Osinowy Mys frei durchs Dorf. Manchmal trifft man auf den Straßen Pferde, Ziegen und Kühe. Abends kommen die Kühe von ganz alleine zu ihren jeweiligen Besitzern zurück, um gemolken zu werden. Heute kommen sie mir alle hintereinander auf diesem Weg entgegen. Ich versuche alles, um heil an den Tieren vorbeizukommen, doch heute haben sie Vorfahrt. Da sie keine Anstalten machen, mich durchzulassen, weiche ich zurück und setze meinen Weg später fort.

In dieser Straße am Berg stehen vor allen Häusern 200-Liter-Fässer, denn es gibt hier kein fließendes Wasser. Zweimal pro Woche kommt ein Tankwagen und füllt die Fässer auf.

Ein Tankwagen füllt die Wasserfässer auf

Tjotja Polja umarmt mich bei der Begrüßung herzlich, nimmt meinen Kopf zwischen ihre geschundenen Hände und küsst mich. Ihre Tochter Natascha hilft ihr, Wasser in Eimern in die Küche zu transportieren. Mit einem blauen Stieltopf schöpft sie daraus und gießt das kostbare Nass in einen an der Wand hängenden umgestülpten Blecheimer.

Unten am Eimer hängt ein kleiner Metallstab. Zieht man daran, fließt Wasser heraus. Die Qualität des Trinkwassers in Osinowy Mys ist leider so schlecht, dass manche Leute sogar davon krank werden. Wer es sich leisten kann, hat einen Wasserfilter. Tjotja Polja nicht.

Sie erinnert mich mit ihrem Kurzhaarschnitt, süßen Gesicht, den etwas tiefer liegenden Augen und ihrer molligen Statur stark an die Igelfigur Mecki. Mit Tränen in den Augen zeigt mir dieses liebe, emotionale Großmütterchen ein vergilbtes, schwarz-weißes Familienfoto und erzählt aus ihrer Familiengeschichte ...

Tjotja Polja

Tjotja (Tante) Polja und ihr Mann Isaak

»Trink nicht!«, sagte Polina Timofeewnas Mann Isaak zu ihrem Sohn Serjoscha – doch er selbst war in dieser Beziehung nicht das beste Vorbild. Der Vater trank öfter einen über den Durst. Ständig schrien sich Vater und Sohn gegenseitig an, dass der jeweils andere aufhören solle zu trinken. Polina, genannt Tjotja Polja, stand zwischen den beiden, wusste nicht, wie sie sich verhalten sollte, und kam sich dabei völlig fehl am Platz vor. Sie fragte sich, wie ein Betrunkener einem Betrunkenen helfen könne.

Als Mann und Sohn wieder einmal sturzbesoffen waren, erzählte Tjotja Polja Tamara[26] von ihrer schrecklichen Situation und klagte ihr, dass sie sich so machtlos fühle. Tamara lud Polja ein, in die Gemeinde zu kommen. Die Gottesdienstbesuche stärkten Tjotja Polja. Anfangs war ihr Mann

---

[26] Siehe Kapitel „Die Gerüchteküche brodelt …"

dagegen, dass sie hinging. Nach einer Weile jedoch begann er, sie bei Wind und Wetter auf seinem kleinen Mofa in die Gemeinde zu bringen, sogar bei minus 40 Grad.

Sohn Serjoscha kam ein Jahr lang mit zu den Gottesdiensten. Er durchlief auch einen Alkoholentzug im Rehazentrum. Doch es fand keine echte Veränderung in ihm selbst statt. Mit 40 starb er an Herzversagen.

Eine Woche vor seinem Tod war er nach Hause gekommen. Als Tjotja Polja zu ihm sagte: »Komm doch wieder mit in die Gemeinde«, entgegnete er: »Mama, ich liebe die Sünde mehr.« Es versetzte Polja einen tiefen Stich ins Herz, dass Serjoschas Leben mit dieser Einstellung zu Ende ging.

Eine weitere Tragödie ereignete sich im Leben von Tjotja Poljas Tochter. Sie und ihre Familie hatten ein schönes Haus in der Ukraine. Doch dann brannte es komplett ab. Sie verlor Mann und Sohn, Hab und Gut und sämtliche Dokumente.

Im Januar 2009 starb auch noch Tjotja Poljas Mann an einem Herzinfarkt. Sie vermisst ihn sehr und fühlt sich, nach ihren mehr als 50 Jahren Ehe, sehr einsam ohne ihn.

Doch Tjotja Polja erlebte auch immer wieder Gottes Hilfe. Einmal fuhr sie nach Bogutschany, konnte aber am Abend nicht wieder zurück, weil der entsprechende Bus kaputt war. Es kam ein anderer Bus Richtung Krasnojarsk vorbei. Sie fuhr mit und bat den Fahrer, an einer bestimmten Kreuzung anzuhalten. Leider fuhr er bis zur nächsten, weit entfernten Bushaltestelle durch, ohne die alte Frau am gewünschten Ort abzusetzen. Sie stand mitten in der Nacht bei Eiseskälte irgendwo im Nirgendwo.

Menschlich betrachtet hatte sie keine Chance mehr, Osinowy Mys vor Morgengrauen zu erreichen. Der bitterkalte Wind trieb ihr Tränen in die Augen. Gleichzeitig lief Tjotja Polja der Schweiß vor Schmerz den Rücken hinab. Ihre Beine taten so weh.

Sie hatte ihr Leben lang hart geschuftet. Bereits mit 16 Jahren hatte sie im Bergwerk arbeiten müssen. Der Rucksack, den sie tagaus, tagein vier Kilometer die Stollen entlang tragen musste, wog 14 Kilogramm, dazu die schwere Sicherheitsmaske, Batterie und Lampe. Neun Jahre lang hatte sie sich im Bergwerk abgerackert.

Ihr Körper war verbraucht, ihre Beine waren so sehr in Mitleidenschaft gezogen, dass sie unmöglich die weite Strecke nach Hause gehen konnte. Es war stockdunkel. Auf dieser verlassenen Strecke kam nur selten ein Auto vorbei, erst recht nicht um Mitternacht. In ihrer Verzweiflung streckte sie die Arme zum Himmel und schrie zu Gott: »Herr, wenn ich noch 15 Minuten an dieser Haltestelle stehe, hole ich mir den Tod!« Kurz darauf leuchteten Scheinwerfer hinter dem nächsten Hügel auf. Ein Auto hielt an. Es war ein Nachbar. Gerne nahm er die durchgefrorene Babuschka mit und brachte sie sicher nach Hause.

Tjotja Polja ist Gott dankbar für Erlebnisse wie diese, die ihr zeigen, dass er sie inmitten von all dem Leid, das sie schon durchgemacht hat, durchträgt, versorgt und sich um sie kümmert. Sie lebt in bescheidenen Verhältnissen, doch Tjotja Polja meint, dass sie Gott für das, was er ihr gibt, dankbar ist.

Denk an Jesus!

Abends im Bett denke ich über Tjotja Poljas Leben nach. Wie viel Leid und Entbehrung hat sie schon durchgemacht. Wie gut, dass Jesus sie liebt und ihr in allen Widrigkeiten beisteht. Das ist mir auch selbst während meiner Zeit in Sibirien wichtig geworden. Ich möchte mich nicht von Umständen niederdrücken lassen, sondern in jeglichen Lebenslagen an Jesus denken. Daraus ist mitten in Sibirien folgendes Gedicht entstanden:

> Wenn du dich leer fühlst
> und dich nach erfülltem Leben sehnst –
> denk dran: Jesus ist das Brot des Lebens!
>
> Wenn du dich ringsumher
> von Dunkelheit umgeben fühlst –
> denk dran: Jesus ist das Licht der Welt!
>
> Wenn du deinen weiteren Weg
> nicht mehr erkennen kannst –
> denk dran: Jesus ist der Weg!
>
> Wenn sich sämtliche Türen
> vor dir zu schließen scheinen –
> denk dran: Jesus ist die Tür!
>
> Wenn dich der Teufel verschlingen will
> wie ein brüllender Löwe –
> denk dran: Jesus ist der gute Hirte!

Wenn du hautnah
mit Mord und Totschlag konfrontiert wirst –
denk dran: Jesus ist die Auferstehung und das Leben!

Wenn du trotz aller Mühen
keine Frucht deiner Arbeit siehst –
denk dran: Jesus ist der Weinstock!

In welchen Umständen auch immer
du dich befinden magst –
denk dran: Jesus ist alles, was du brauchst!

Jesus denkt an dich!

»Der Verlauste denkt nur an die Banja«

Katja Fjodorownas Blumengarten

Katja Fjodorowna, bei der ich im Dorf wohne, liebt Blumen über alles. Die Blumenpracht im Sommer in ihrem Garten ist beeindruckend.

»Jeder denkt an etwas, aber der Verlauste denkt nur an die Banja.« Mit diesem Sprichwort necken die anderen Frauen sie oft aus Spaß liebevoll. Damit wollen sie zum Ausdruck bringen, dass Katja, wann immer sie das Stichwort Blumen hört, an nichts anderes mehr denken kann. Dann leuchten ihre Augen und sie sprudelt in ihrer Begeisterung über wie ein Wasserfall.

Bereits in ihrer Kindheit liebte Katja Blumen ...

Das große, dunkle Buch auf der schneeweißen Tischdecke

Sosnowka, im Verwaltungsbezirk Irkutsk, 1959:

Sie war ein paar schnatternden Gänsen nachgelaufen. Hinter einem Zaun erblickte sie wunderschöne Blumen. Eine sympathisch wirkende Frau bat sie in den Garten und zeigte ihr alles. Das weiße Haus der Frau erschien Katja wie ein verwunschenes Schlösschen und weckte ihre Neugier. Wie sah es wohl im Inneren des Hauses aus?

Am nächsten Tag bot sich ihr die Gelegenheit hineinzuschauen, denn die freundliche Frau lud sie zum Teetrinken ein. Ihrer Mutter sagte Katja nur, sie wolle »nach den Gänsen schauen«, den Rest behielt sie als Geheimnis für sich.

Das mit viel Liebe eingerichtete, saubere Haus mutete dem Mädchen wie im Märchen an, auch *Baba* (Oma) Emma, wie sich ihr die ältere Dame vorstellte. Alles war so sauber. Im Wohnzimmer stand ein runder Tisch mit einer schneeweißen Tischdecke. Darauf lag ein großes, dunkles Buch mit vergilbten Blättern, das auf Katja eine faszinierende Wirkung ausübte. So in Ehren gehalten, musste dieses rätselhafte, alte Buch eine wirklich wichtige Rolle für Baba Emma spielen. Katja fragte ehrfurchtsvoll: »Was ist das für ein Buch?« Baba Emma erklärte ihr: »Eine Bibel. Wenn du möchtest, kann ich dir gerne Geschichten daraus vorlesen und dir von Gott und Jesus erzählen.« Es war das erste Mal in Katjas Leben, dass sie etwas von Gott hörte. Sie war damals neun Jahre alt.

Jeden Tag las Baba Emma ihr aus der Bibel vor und stellte ihr anschließend Fragen. So erfuhr das Mädchen mehr und mehr über Gott und Jesus. Noch immer fühlte sie sich wie in einer anderen Welt. Anfangs wagte sie es kaum, überhaupt etwas zu berühren, weil alles so rein auf sie wirkte. Doch ihre anfängliche Scheu wich zusehends der Neugier.

Nach zwei Monaten regelmäßiger Besuche bei ihrer neuen Freundin war Katja sogar immer mehr mit der altkirchenslawischen Sprache der Bibel vertraut. Sie empfand es als große Ehre, als Baba Emma ihr eines Tages erlaubte, die Bibel zum Lesen mit zu sich nach Hause zu nehmen. Es dürfe jedoch niemand davon erfahren. Schließlich war Baba Emma, die ursprünglich aus Deutschland stammte, gemeinsam mit ungefähr 20 anderen Familien aus verschiedenen Ländern als Verbannte in dieses Dorf gekommen. Es war ihnen untersagt, ihren Glauben offen auszuleben und sich zu versammeln.

Baba Emma erwähnte Katja gegenüber nichts davon, dass sie als Baptistin wegen ihres Glaubens nach Sibirien verschleppt worden war. Das Mädchen wusste noch nicht, dass es zur damaligen Zeit verboten war, sich zum christlichen Glauben zu bekennen.

Katja wusste nur, dass Baba Emma alleine in ihrem Häuschen lebte, sich jedoch nicht einsam fühlte, weil Gott ja bei ihr war. Durch jede Unachtsamkeit hätte sie die ältere Frau in Gefahr bringen können. Obwohl sie noch nicht die Tragweite der möglichen Konsequenzen erfassen konnte, nahm sie sich die Anweisung der älteren Dame zu Herzen und las in der Nacht mit einer Taschenlampe unter ihrer Bettdecke in der Bibel.

Während der Kartoffelernte im September stahl Katja sich zum Aufwärmen immer wieder in Baba Emmas Haus. Eines Tages wurde sie jedoch von jemandem bei ihrer Mutter verraten. Als sie das nächste Mal kam, fand sie ihre ältere Freundin weinend vor. Mit feuchten Augen teilte sie dem Mädchen mit, dass sie sich von Herzen gerne weiterhin mit ihr treffen würde, dies aber nicht mehr möglich sei. Katjas Mutter hatte der Frau gedroht, sie anzuzeigen, wenn ihr zu Ohren käme, dass ihre Tochter nochmals bei ihr sei. Traurig nahm Katja Abschied von ihr. Auch wenn Katja danach nie wieder etwas von Baba Emma gehört hat, bewahrte Gott den guten Samen, den sie gesät hatte, in Katjas Herzen.

Mit 19 Jahren zog Katja nach Osinowy Mys. Dort lernte sie ihren Mann Walodja kennen. Im Laufe der Jahre bekamen sie drei Kinder. Aus familiären Gründen zog die Familie mehrere Male zwischen Osinowy Mys und der Krim (ukrainische Halbinsel im nördlichen Schwarzen Meer) hin und her. Ihre Tochter Galina und ihr Sohn Serjoscha wurden schließlich in der Ukraine sesshaft, die Tochter Tanja in Osinowy Mys.

»Komm, schau es dir an!«

Es geschah am 30. April 2005, als Katja gemeinsam mit ihrem Mann von ihrem Zuhause auf der Krim zu ihrer Schwester nach Krasnodar fahren wollte ... Kurz vor Feodossija bogen sie an einer Kreuzung ab, als plötzlich ein Fahrzeug in sie hineinraste. Katjas Mann starb noch am Unfallort, sie selbst überlebte wie durch ein Wunder. Im Gesicht hatte sie eine tiefe, lange Wunde. Ihre gesamte linke Körperhälfte war verletzt, die Schulter völlig verschoben, der Arm, einige Rippen und das Knie gebrochen. Durch den Schock des Zusammenpralls erlitt sie einen Herzinfarkt und verlor das Bewusstsein. Als sie wieder zu sich kam, befand sie sich im Krankenhaus.

Ein Arzt und eine Krankenschwester sowie ein Polizist standen an ihrem Bett. Der Arzt fragte Katja: »Sehen Sie mich?« »Ja.« »Wie viele Ärzte sehen Sie?« »Fünf.« »Und wie viele Krankenschwestern?« »Drei.« »Und Polizisten?« »Auch drei.« Das Sehvermögen ihres linken Auges war beeinträchtigt, sodass sie alles doppelt und dreifach sah. Noch ein halbes Jahr lang war die Sicht ihres linken Auges komplett verschleiert. Gott sei Dank, konnte ihr Sehvermögen durch viel Augenmuskeltraining und etliche Spritzen schließlich wiederhergestellt werden.

Nach eineinhalb Monaten Krankenhausaufenthalt wurde Katja entlassen. Die Ärzte hatten es bereits abgeschrieben, dass sie ihren gebrochenen Arm jemals wieder benutzen könnte. Aber Katja machte eisern Übungen mit einem Hammer, was dazu führte, dass der Arm mit der Zeit tatsächlich wieder funktionierte. Sie litt aber noch monatelang unter den Spätfolgen des Traumas. Ein Experte, der das völlig zerbeulte Auto begutachtete, meinte: »Ich verstehe nicht, wie man so einen Unfall überleben kann!«

Im Januar 2007 zog Katja zurück nach Osinowy Mys. Sie hatte das Gefühl, dass ihre hier lebende Tochter Tanja Hilfe brauchte. Bevor sie eine eigene Bleibe fand, wohnte sie zunächst einige Monate auf engem Raum mit im Haus ihrer Tochter. Tanja und ihr Mann schliefen im Wohnzimmer, Katjas Enkel Serjoscha schlief in der Küche, und Katja war mit im Zimmer ihrer Enkelin Galina untergebracht.

Ende Februar 2007 lief Katja Galina Michailowna über den Weg. Galina, die Katja von früher her gut kannte, freute sich sehr über das Wiedersehen und begrüßte Katja überschwänglich. Sie hatte von ihrem Unfall gehört und erkundigte sich nach Katjas Ergehen. In diesem Gespräch bemerkte Katja: »Gott sei Dank, dass er mich gerettet und überleben lassen hat. Das bedeutet bestimmt, dass er noch etwas mit mir vorhat.« Daraufhin fragte Galina unvermittelt: »Glaubst du an Gott?« »Ja.«

Als Galina wissen wollte, ob Katja zur Kirche gehe, sagte sie: »Ja, früher in der Ukraine war ich in der orthodoxen Kirche.« Galina lud sie ein: »Komm doch mal mit in unsere Gemeinde.« Entschieden entgegnete Katja: »Nein, das ist doch eine Sekte, da gehe ich nicht hin!« Galina ließ wieder einmal nicht locker: »Komm, schau es dir doch einfach mal an.« Im Grunde genommen war Katja schon neugierig, was es mit dieser Gemeinde auf sich hatte. Das Gerede der Leute fürchtete sie nicht. Schließlich willigte sie ein, sich die Gemeinde einmal anzuschauen.

Um das Gespräch in gemütlicherem Rahmen fortzuführen, lud Galina sie zu sich nach Hause ein. Bereits in der Ukraine hatte Katja in der orthodoxen Kirche den Entschluss gefasst, mit Gott zu leben. Während ihres Besuchs bei Galina wurde Katja auf einmal bewusst, dass sie dennoch oft so lebte, wie es ihr selbst gefiel, statt nach Gott zu fragen. Ihr kamen die Tränen, weil ihr all ihre unguten Taten und Verhaltensweisen plötzlich klar vor Augen standen. Gemeinsam mit Galina brachte Katja ihre ganze Schuld im Gebet vor Gott und vertraute ihr Leben Jesus Christus völlig an. Nach diesem Gebet fühlte sie sich unglaublich befreit.

Gleich am nächsten Sonntag kam sie zum Gottesdienst in die Gemeinde. Viele der Gottesdienstbesucher kannten sie noch von früher und nahmen sie sofort herzlich in ihre Gemeinschaft mit hinein. Diese Freude und Liebe taten Katja im Herzen gut. Sie spürte, dass die Freundlichkeit und der Glaube dieser Leute echt waren. Ihr erster Eindruck war: »Nun bin ich nach Hause gekommen! Hier gehöre ich hin. Mir ist, als wäre ich mein ganzes Leben lang hier gewesen.« Sie fühlte sich inmitten dieser Christen so sehr zu Hause wie damals in ihrer Kindheit bei Baba Emma.

Bärige Grüße

Im Winter sind die sibirischen Flüsse so dick zugefroren, dass sogar schwere Lastwagen auf ihnen fahren. Auch die Tschuna dient in der kalten Jahreszeit als Transportstrecke für mit Baumstämmen beladene Fahrzeuge. Viele aufeinanderliegende Eis- und Schneeschichten bilden einen tragfähigen Untergrund. Es ist ein faszinierendes Naturschauspiel, wenn es im Frühjahr taut und mächtige Eisschollen die Flüsse hinabtreiben. Das geheimnisvolle Knistern des berstenden Eises bildet eine unbeschreibliche Geräuschkulisse.

Vor der Schneeschmelze frage ich meine Freunde: »Wie erkennen die Lastwagenfahrer, wenn das Eis zu dünn wird und sie besser nicht mehr über den Fluss fahren sollten?« Allgemeines Schmunzeln: »Na, der letzte Lastwagen hat eben Pech!«

Im Sommer hört die Straße einfach an der Böschung beim Fluss auf, sodass es nicht mehr möglich ist, zu Fuß, per Auto oder Laster ans andere Ufer zu gelangen. Eine Brücke vermisst hier niemand. Entweder setzt man gar nicht über, oder aber man nimmt eines der kleinen, kanuartigen Boote und paddelt.

Noch ist der Fluss zugefroren. Nach dem Mittagessen mache ich immer alleine einen Spaziergang im Wald – am anderen Ufer. Ich liebe es, die schöne Landschaft zu genießen und ganz in Ruhe mit Gott zu reden. Vom Fluss aus betrachtet sieht das Dorf Osinowy Mys so friedlich aus, wie es sich ans Ufer schmiegt. Der noch leicht verschneite Wald wirkt, als sei er mit Puderzucker bestäubt. Birken, Espen, Tannen, Zedern, Kiefern und Lärchen – die verschiedenen Baumarten lassen den Mischwald meliert erscheinen.

Die Dorfbewohner haben in der Mitte des zugefrorenen Flusses ein Loch gegraben und als Markierung eine kleine Tanne »eingepflanzt«. Bei dem Bäumchen angekommen, atme ich tief durch und bin einmal mehr überwältigt von der hier hautnah spürbaren sibirischen Weite. Landschaft wie Himmel erscheinen so unendlich weit. Es ist echt »cool«, wenn man mitten auf einem Fluss steht.

Bevor ich an einem sonnigen Tag den zugefrorenen Fluss überquere, komme ich an einem parkenden Auto vorbei, in dem ein paar Männer sitzen. Sie merken, dass ich keine Einheimische bin. Der Fahrer kurbelt das Fenster herunter und meint schelmisch: »An Ihrer Stelle würde ich nicht nach da drüben gehen. Da gibt es nämlich Bären und Wölfe.« Die anderen Männer im Auto lachen sich schlapp. »Na, dann grüßen Sie sie mal schön von mir, wenn Sie ihnen begegnen«, kontere ich, inzwischen an solche derben Scherze gewöhnt. Unbeirrt gehe ich weiter in den Wald ans andere Ufer. Dort säumen kleine Nadelbäume den Weg. Schlanke Birken schimmern weiß im Sonnenlicht, sie wiegen sich sanft im Wind. Ich genieße die Einsamkeit und Stille.

Die bärigen Grüße der Männer hätte ich vielleicht auch ernster nehmen können. Ein paar Tage später erzählt Katja mir folgendes Erlebnis vom vorigen Sommer ...

Knistern und Knacken im Unterholz

»Hast du Lust, mit uns zum Fischen ans andere Ufer überzusetzen?« Gerne nahm Katja die Einladung ihrer Nachbarin Nadja an. Wie schön ist es in der Natur! Es macht ihr Spaß, im Wald Pilze und Beeren (keine Bären) zu sammeln und am Fluss zu angeln. Lena, eine gute Freundin von Katja, kam auch mit. Mit Angeln und Würmern ausgerüstet, legten sie ungefähr sieben Kilometer flussaufwärts Richtung Tschunojar am anderen Ufer an. Die Stelle erschien ihnen geeignet, weil das Ufer seicht war.

Die Frauen machten es sich auf Baumstümpfen bequem. Nadjas Mann Kolja tuckerte mit seinem Boot noch drei Kilometer weiter den Fluss hinauf, um Teekräuter zu sammeln. Abgesehen von den Mücken, die ihnen um die Ohren schwirrten, genossen Katja und ihre Freundinnen die Idylle.

Plötzlich machte ein Schwarm Vögel völlig aufgebracht kreischend einen Blitzstart aus dem Gebüsch wenige Meter neben den Frauen. Was war das?! Beunruhigt schauten Lena, Katja und Nadja nach. Sie entdeckten Abdrücke riesiger Bärenpranken, daneben Spuren kleiner Tatzen. Dem Geruch nach zu urteilen, war ein großer Haufen, den die Bärin hinterlassen hatte, noch ganz frisch. Sie und ihr Kleines mussten also noch in unmittelbarer Nähe sein. Die Frauen erstarrten vor Furcht. Wohin sollten sie fliehen? Sie hatten kein Boot mehr parat. Vor ihnen lag nur Wasser, hinter ihnen ging die felsige Böschung steil nach oben, da konnten sie unmöglich hochklettern.

Aus Leibeskräften schrien sie in ihrer Panik: »Kolja! Kolja! Komm zurück!« Sie hofften, dass Nadjas Mann sie hören würde. Zugleich wollten sie die Bärin mit ihrem Jungen durch den Lärm in die Flucht schlagen. Es knisterte und knackte im Unterholz. Das musste die Bärin sein. In ihrer Verzweiflung riefen die Frauen Gott an: »Herr, hilf uns!« Da wurden sie innerlich ruhiger, auch äußerlich wurde es stiller. Die Vögel beruhigten sich, die Geräusche im Gebüsch ebbten ab, bis sie schließlich ganz verstummten. Die Bärin schien sich verzogen zu haben.

Nach ungefähr zwanzig Minuten kam Kolja zurück. Schnell stiegen die drei Frauen ins Boot und atmeten erleichtert auf, als sie wieder auf der Tschuna trieben – unerreichbar für die Bärin. In all der Aufregung hatten sie keinen einzigen Fisch gefangen. Etwas näher am Dorf suchten sie sich einen anderen Platz, dort angelten sie noch ein Weilchen und fuhren abends mit ihrer Beute wieder nach Hause.

Im Mafia-Auto

Oleg, der ansonsten im Altai-Gebiet lebt, war nur vorübergehend in Osinowy Mys, als ich ihn kennenlernte. Arbeiten, schlafen, essen … ansonsten blieb Oleg für kaum etwas anderes Zeit. Er arbeitete täglich zwölf bis fünfzehn Stunden in einer Mühle. Auch nach Feierabend drehte sich in seinen Gedanken alles wie in einer Mühle, dazu noch die Nachtschichten …

Im Juli 1999 kam es eines Tages zu einer Auseinandersetzung mit seinem Chef. Ausgerechnet an diesem Tag verstarb der Vater eines Kollegen. In seiner Verzweiflung betrank sich dieser Kollege. Unter Alkoholeinfluss schlug der Kollege während der gemeinsamen Nachtschicht vor, einen Mehlsack zu stehlen. Oleg ließ ihn gewähren und gab ihm den Sack.

Ungefähr um 0.30 Uhr fuhr der Kollege den Mehlsack weg und kehrte kurz darauf wieder zurück. Irgendjemand hatte den Diebstahl beobachtet und sofort den Chef alarmiert. Als dieser um 2.00 Uhr in der Mühle eintraf, ging er schnurstracks auf Oleg zu und nahm ihn sich zur Brust. Oleg gestand die Tat, sie gaben den Sack zurück. Doch damit war die Sache für den Chef noch nicht erledigt. Er bestellte die beiden für den darauffolgenden Tag um 11.00 Uhr zu sich.

Als sie bei ihm im Büro standen, rief er Leute von der Mafia herein. Diese Männer schlugen Oleg und seinen Kollegen zusammen, setzten sie in ihr Auto und fuhren mit ihnen davon. Oleg hatte keine Ahnung, wohin die Fahrt ging. So in der Klemme, dachte er auf einmal an Gott …

In seiner Kindheit hatte er gerne die christliche Zeitschrift *Wesjolye kartinki* (Fröhliche Bilder) gelesen. Später hatte Burja, ein Bekannter seiner Mutter, ihm immer wieder von Jesus erzählt. Eine Zeit lang hatte Oleg Burja sogar zum Gottesdienst begleitet, um sich die Sache einmal anzuschauen.

Nun saß Oleg von Gewissensbissen geplagt im Mafia-Auto. Der Chef hatte mehr als nur sein Ziel erreicht. Oleg bereute bitterlich, dass er mitgeholfen hatte, den Mehlsack zu stehlen, und bat Gott um Vergebung. Er bekannte Gott nicht nur diese Tat, sondern alle seine Sünden. Er legte ihm sein ganzes Leben hin. Von nun an wollte er mit Gott leben. Am Ufer eines Flusses machten sie halt. Dort erschien noch ein weiteres Mafia-Auto. Oleg lief es heiß und kalt den Rücken hinunter. Er fürchtete: »Das war's! Mein letztes Stündchen hat geschlagen.«

Doch es blieb bei diesem Einschüchterungsversuch. Die Mafiosi ließen Oleg laufen. Seit diesem Vorfall kam es, Gott sei Dank, für ihn zu keiner weiteren Begegnung mit der Mafia mehr.

Besuch mit Auswirkungen

Viktor ist ein Mann mit weitem Herzen. Wer ihm begegnet, ist beeindruckt von seinem strahlenden Gesicht. An einem Wochenende kommen er und seine Frau in die Gemeinde nach Osinowy Mys, um aus ihrem Leben zu erzählen.

Die Gemeinde von Osinowy Mys
mit Tanja (5. v.r.) und Viktor (4. v.r.)

Katja, bei der ich wohne, hat schon lange dafür gebetet, dass ihre Tochter Tanja einmal mit in den Gottesdienst geht. Zu dieser Veranstaltung kommt sie tatsächlich mit. Viktor predigt. Tanja ist so angesprochen von seiner Botschaft, dass sie seither regelmäßig mit ihren beiden Kindern die Gemeinde besucht. Das kann ich gut verstehen, denn ich habe Viktor und seine Frau schon in einem Gottesdienst in Krasnojarsk erlebt. Sie sind beide Invaliden. Doch das war es nicht, was meine Aufmerksamkeit auf sich zog, vielmehr ihre fröhliche Ausstrahlung.

Viktors Lebensgeschichte ist beeindruckend …

Vom obdachlosen Mörder
zum strickenden Missionar

Viktor arbeitete im Sägewerk. Plötzlich schaltete jemand die Maschinen an. Ehe er sich's versah, geriet sein linkes Bein in die Säge. Was für Schmerzen, überall Blut. Seine Gedanken rasten. War das sein Ende? Ihm war, als würde eine innere Stimme fragen: »Was kannst du vorweisen, wenn du stirbst? Was hast du aus deinem Leben gemacht?« Was zählten schon die paar guten Taten und das bisschen Arbeit, das er geleistet hatte, – verglichen mit all der Schuld, die er auf sich geladen hatte? Hautnah mit dem Tod konfrontiert, dachte Viktor über sein Leben nach.

Da seine Mutter als Ladenbesitzerin beruflich sehr eingespannt gewesen war, hatte sie ihn, als er erst drei Monate alt war, bei seinen Großeltern untergebracht. Aber die meiste Zeit seiner Kindheit lebte er auf der Straße, seine Oma kümmerte sich nicht sonderlich um ihn.

Viktors Mutter heiratete einen anderen Mann, der sie oft schlug. Das ging Viktor sehr nahe. Mit 18 Jahren versuchte er, seinen Stiefvater mit einer Axt zu erschlagen. Der Mann überlebte. Zwei Jahre lang musste Viktor seine Strafe im Gefängnis absitzen. Weil er sich nach einer eigenen Familie sehnte, heiratete er danach und bekam eine Tochter namens Julia. Diese Ehe hielt jedoch nur, bis Julia drei Monate alt war. Nach der Scheidung zerriss Viktor all seine Dokumente und ging auf die Straße, um von da an als Obdachloser zu leben. Er hatte den Sinn im Leben verloren. Wegen eines weiteren Mordes wurde er zu neuneinhalb Jahren Strafarbeit verurteilt. Diese Person war bei seinem Angriff tatsächlich ums Leben gekommen.

Da lag er nun im Straflager in der Blutlache und dachte, dass seine Zeit abgelaufen sei. Er empfand tiefe Reue, dass er sich und anderen das Leben ruiniert hatte. Im Angesicht des Todes bekam er es mit der Angst zu tun: Was würde ihn in der Ewigkeit erwarten?

Zwei Jahre verbrachte Viktor im Krankenhaus des Lagers. Sein halber Körper war eingegipst. Er konnte sich nicht einmal hinsetzen, nur noch liegen. Sein Bein ist seitdem zehn Zentimeter kürzer. Obwohl er im Krankenhaus Begegnungen mit bewussten Christen hatte, war er nicht bereit, sein Leben für Gott zu öffnen. Aber er wollte besser leben als bisher: Er hörte auf zu fluchen, zu betrügen und sich zu verschulden. Von nun an half Viktor jedem, der ihn darum bat. Alle Voraussetzungen sprachen bei ihm eigentlich gegen eine vorzeitige Entlassung: Obdachloser, Invalide, Mörder. Unerklärlicherweise kam Viktor dennoch früher als geplant frei.

Da er von keinen Angehörigen mehr wusste, gab es nichts mehr, was ihn zurück in seine Heimat Samara gezogen hätte. Er beschloss, in Sibirien zu bleiben. In Krasnojarsk traf er Freunde aus dem Lager, begann wieder zu trinken, sich herumzutreiben und auf der Straße zu leben.

Eines Tages verbrannte er sich in betrunkenem Zustand sein rechtes, bisher noch gesundes Bein an einem heißen Rohr. Er trank einfach weiter und ignorierte den Schmerz, so gut es ging. Nach einer Woche Suff wurde einer seiner Trinkkumpane von einem Hund in die Hand gebissen und ließ Hilfe kommen. Der Mann mit der Bisswunde wurde nicht ins Krankenhaus gebracht, dafür aber Viktor. Er befand sich in Lebensgefahr, sein Bein war bereits am Absterben. Im Krankenhaus musste es amputiert werden.

Da er keine Dokumente vorweisen konnte, erhielt er keine Prothese. Während des Krankenhausaufenthalts machte sich Viktor bewusst, dass er rein gar nichts mehr hatte. Er wollte nur noch sterben. Eines Tages sagte ihm jemand:

»Vielleicht helfen dir ja die Gläubigen.« Zwei Frauen zwischen 30 und 35 kamen wöchentlich ins Krankenhaus, um den Patienten beizustehen. Da er sowieso nichts mehr zu verlieren hatte, rief Viktor diese Christinnen zu sich, schilderte ihnen offen seine Situation und bat um Hilfe. Das war ein voller Erfolg: Sie erzählten ihm von Jesus; er erhielt Kleidung, eine Krücke und außerdem ein Neues Testament. Viktor versprach ihnen, darin zu lesen.

Plötzlich verhielten sich die Leute im Krankenhaus ihm gegenüber irgendwie anders. Seine Bettnachbarn boten ihm Sachen an. Viktor wunderte sich: »Warum?« Außerdem fragte er sich, weshalb die Christinnen keine Bezahlung verlangt hatten. Er fragte seine Pfleger: »Wo versammeln sich diese Deppen?« Für ihn konnte es sich bei Leuten, die so selbstlos gaben, nur um Bekloppte handeln.

Lachend fügt er im Gespräch mit mir hinzu: »Nun bin ich selbst einer dieser Deppen – und bin glücklich dabei!«

Er zog von der Klinik in eine Einrichtung für ehemalige Sträflinge und Obdachlose. Jeder, der sich hier neue Dokumente ausstellen lassen wollte, musste einen Monat warten, bis die Beamten ausreichend Herkunft und Hintergrund recherchiert hatten. Sofern es keine Auffälligkeiten gab, wurden nach Ablauf dieser Frist Fotos gemacht, die entsprechenden Papiere zusammengestellt und ausgehändigt. Viktor wollte sein Versprechen, das Neue Testament zu lesen, halten. Er las es während dieser Zeit drei Mal durch. Danach hatte er bürokratisch betrachtet eine neue Existenz.

Sowie er seine Dokumente in der Hand hielt, machte er sich zum *Dom Molitwy* (Gebetshaus) auf, der zentralen Gemeinde Krasnojarsks. Er wollte die Frauen, die ihm im Krankenhaus geholfen hatten, ausfindig machen und um weitere Hilfe bitten. Die Frauen fand er zwar nicht, dafür aber einen anderen Mitarbeiter. Er erzählte Viktor mehr von Gott und fragte in der typisch direkten russischen Art:

»Glauben Sie, dass Sie sündig sind?« Viktor entgegnete: »Ich habe sogar so schwere Sünden verbrochen, dass sie unmöglich vergeben werden können.« Der Mann hakte nach: »Glauben Sie, dass Gott Ihnen die Kraft geben kann, ihm wirklich nachzufolgen?«

Mit diesem Gespräch, das noch länger dauerte, begann für Viktor die neue geistliche Existenz. Er gab seine Schuld bei Jesus ab und bekam sie vergeben. Nun wollte er Verantwortung für sein Leben übernehmen. Bisher hatte er sich ständig betrunken, so konnte es nicht weitergehen. Gott befreite ihn vom Alkohol. Die Kirche und das Sozialamt halfen Viktor auch finanziell weiter. Er sah die Welt nun mit anderen Augen und wuchs, sowohl in seiner Beziehung zu Gott als auch in den Beziehungen zu Menschen. Es ging ihm zusehends besser, jetzt hatte er Dokumente und Kleidung, erhielt Essensmarken und eine Unterkunft. Obwohl er mit 60 Leuten in einem Zimmer zusammenlebte, war er dankbar, ein Dach über dem Kopf zu haben.

Je besser Viktor die Christen kennenlernte, desto mehr bemerkte er, dass es ihnen trotz des vordergründigen Lächelns manchmal an echten Beziehungen fehlte. Als er sich im Gebet bei Gott darüber beschwerte, vernahm er eine Stimme im Herzen, die ihn fragte: »Hast du jetzt Geld?« Er sagte: »Ja«. »Hast du die Möglichkeit zu gehen?« Wieder antwortete er mit: »Ja.« Daraufhin forderte ihn die innere Stimme auf: »Also, warum sitzt du hier noch herum, wenn du siehst, dass andere einsam sind? Steh auf, bete und dann gehe!«

Als er mir das erzählt, lächele ich in mich hinein und denke: »Gott redet mit den Russen auf ganz russische Weise, klar und direkt.«

Es lohnte sich, dass Viktor die Leute besuchte. Er lernte, wirklich zuzuhören, mit den Menschen zu beten, zu weinen und zu lachen. So kam es, dass man Viktor eines Tages bat, sich auch um Obdachlose zu kümmern. An vielen Orten in den Straßen Krasnojarsks, wo es warm war, gab es Menschen, deren Schicksal dem seinen glich. Sie lagen auf Kartons in Hauseingängen, unter Brücken und neben den Rohren der Fernwärmeversorgung. Viktor erzählte ihnen, wie Gott ihn aus dem Elend herausgeholt und ihm ein neues Leben geschenkt hatte. Vielen konnte er helfen. Er kam sogar ins Fernsehen damit.

Nach zwei Jahren im Invalidenheim schickte die Sekretärin Viktor ins Krankenhaus, um sich eine Beinprothese anfertigen zu lassen. Während es allen anderen Patienten erlaubt war, nach Hause zu gehen, wenn sie etwas benötigten, verbot man ihm ohne Begründung, seine Sachen zu holen. Was für eine Demütigung! Statt sich zu beklagen, strickte Viktor einfach zwei Wochen lang. Alle um ihn her fragten sich: »Was ist denn mit dem los? Wieso beschwert er sich nicht?!« Viktor konnte vielen Menschen von Gott erzählen. Ärzte, Krankenschwestern und Patienten fragten ihn nach Bibeln.

Neben all diesen ermutigenden Begegnungen kam es für Viktor während des Klinikaufenthalts noch zu einer ganz besonderen Bekanntschaft ...

»Küss mich, mein Häschen!«

Tanja legte sich in ihrer Hoffnungslosigkeit bei bitterkalten minus 30 Grad in den Wald, um ihrem Leben ein Ende zu setzen. Sie lag bereits zehn Stunden im eisigen Schnee, ihre Arme und Beine waren teilweise erfroren, doch sie überlebte den Selbstmordversuch. Irgendwie schleppte sie sich zu ihrer Schwester zurück, von wo aus ihr Bruder sie ins Krankenhaus fuhr.

Hinter ihr lagen schwere Jahre. Ihre erste Ehe war gescheitert; sie war 1997 mit ihrem damals fünfzehnjährigen Sohn Anatoli aus Dubinino zu ihrem älteren Bruder und ihrer jüngeren Schwester nach Tschastoostrowskoje gezogen. Dort lernte sie Sergei kennen, der noch im Haus seiner Mutter wohnte. Er wollte zwar mit Tanja zusammen sein, sie aber nicht heiraten. 1998 bekamen sie eine Tochter, Diana. Sergeis Mutter hieß diese Situation nicht gut und bestand darauf, dass die beiden heiraten sollten. Es gab jede Menge Probleme und Streitereien, zudem wurde viel getrunken. Schließlich schmiss Sergeis Mutter Tanja raus, behielt Tochter Diana aber bei sich. Das machte Tanja schwer zu schaffen, sie verlor ihre ganze Lebensfreude. Ihr war so elend zumute, dass sie nur noch weinen konnte. Eines Tages unternahm sie dann den Selbstmordversuch.

Danach musste Tanja viele Operationen über sich ergehen lassen. Monate verbrachte sie im Krankenhaus. Als sie sich eine Beinprothese machen lassen wollte, geriet sie an einen begabten, gläubigen Mikrochirurgen. Er stellte ihr die Prothese kostenlos her. Tanja fragte ihn: »Warum hat Gott mich am Leben gelassen?« Der Arzt antwortete: »Er hat einen guten Plan mit Ihrem Leben.«

Weitere zwei Jahre lang litt Tanja unter starken Depressionen. Sie weinte Tag und Nacht und bat Gott immer wieder: »Lass mich sterben!« Im Laufe der Zeit jedoch änderte sich ihr Gebet: »Gib mir Kraft! Hilf mir, meine Hände und Beine wieder zu gebrauchen! Lasse mich meinen Kindern nicht peinlich sein.« Sie wurde im Benutzen ihrer Beinprothesen immer mutiger, sodass sie sogar zu tanzen begann. Einmal tanzte sie so übermütig, dass ihre Prothese zerbrach. Tanja trank weiterhin viel. Sie sagte sich: »Ich werde doch sowieso von niemandem mehr gebraucht.« In dieser Situation schickte Gott ihren Sohn Anatoli vorbei, der sagte: »Mama, ich brauche dich!« Tanja war so berührt davon, dass sie, die jahrelang Alkoholikerin war, aufhörte zu trinken.

Tanja musste ins Krankenhaus, weil sie eine neue Prothese benötigte. Eines Tages bekam sie von einer Gruppe Christen Besuch, die ihr einen Zettel mit dem Vaterunser schenkten. Sie las das Gebet immer wieder und lernte es schließlich auswendig. Für ihren Behindertenausweis musste Tanja zu sieben verschiedenen Ärzten in die Sprechstunde. Normalerweise wartete man vor jedem Behandlungsraum sehr lange. Tanja betete das Vaterunser und bat Gott, ihr zu helfen. Erstaunlicherweise war sie bereits nach zwei Stunden mit allem fertig. Schon am nächsten Tag wäre das nicht mehr möglich gewesen, weil einige der Ärzte in den Urlaub fuhren.

Bettnachbarin Alexandra las ihr aus der Bibel vor und machte ihr Mut, dass es bei Gott wirklich Hoffnung gibt. »Ich will nicht mehr leben«, sagte Tanja zu ihr. »Wie, du willst nicht mehr leben? Gott hat dich am Leben gelassen. Er macht es gut, hab keine Angst!« Eines Tages klopfte Viktor, der »strickende Missionar«, an ihre Zimmertür. »Herein!« Tanja öffnete ihr Zimmer und ihr Herz. Viktor fragte sie, ob sie Gott kenne. Zu seiner Überraschung erzählte sie ihm, wie Gott in den Wochen zuvor ihre Gebete erhört hatte.

Viktor war sehr verwundert darüber, wie eine Frau, die sich überhaupt nicht in der Bibel auskannte, Erfahrungen mit Gott haben konnte. Er spürte außerdem, dass sie sich körperlich von ihm selbst angezogen fühlte. Einmal sagte sie ihm ganz direkt: »Küss mich, mein Häschen!« Er wehrte ab: »Das kommt nicht infrage, ich bin doch Christ!«

Viktor hatte gewisse Zweifel daran, ob Tanja es ernst meinte, als sie sagte, sie wolle sich bekehren. Er fragte sich, ob es ihr wirklich um Gott ging. Daher schickte er seinen gläubigen Bekannten Alexei zu ihr. Doch es war Tanja tatsächlich ernst damit, ein neues Leben zu beginnen. Sie war Gott so dankbar, dass er sie annahm – anders als die Menschen. Nach dem fehlgeschlagenen Selbstmordversuch hatte nämlich jemand aus der Verwandtschaft zu ihr gesagt: »Wärst du doch erfroren. So wirst du uns nur noch dein Leben lang eine Last sein!« Es tat ihr so gut, nun zu hören, dass sie von Gott geliebt ist. Sie bat ihn um Vergebung ihrer Sünden und wollte ihr Leben von Jesus erneuern lassen.

Auch Tanja war Viktor nicht gleichgültig. Zwei Wochen lang trafen sich die beiden im Krankenhaus, dann ging alles sehr schnell. Viktor betete noch drei Tage lang bezüglich Tanja und machte ihr schließlich einen Heiratsantrag, den diese, wenn auch überrascht, gleich annahm. Tanja war so beeindruckt. Sie liebte das bekannte russische Volkslied: »Ach, du Städtchen Samara, ich bin so unruhig. Lasse mich hier Ruhe finden.« Nun schenkte Gott ihr einen Mann, der ausgerechnet aus Samara kam. Am 5. Mai 2005 heirateten sie standesamtlich, am 17. Juni 2005 fand die christliche Trauung statt. Nach ihrer Hochzeit zog Tanja zu Viktor ins Invalidenheim. Sie war so glücklich. Endlich konnte sie ihr »Häschen« nach Herzenslust liebkosen und küssen. Begeistert erzählte sie allen, was Gott ihr für einen wunderbaren Mann geschenkt hat.

Tanjas und Viktors gemeinsames Motto ist: »Ich und meine Familie werden jedenfalls dem Herrn dienen[26].« Glücklich erzählt mir Viktor: »Gott ist reich. Er hilft und gibt uns mehr, als wir erdenken können.« Er fügt hinzu, dass es natürlich auch bei ihnen, wie in jeder anderen Familie, Schwierigkeiten gibt. Aber für sie sei ausschlaggebend, dass Gott bei ihnen ist. Mit dieser Freude wollen sie auch andere anstecken. Einmal in der Woche trifft sich in ihrem kleinen Zimmer im Invalidenheim eine Gebetsgruppe. Und monatlich besuchen sie christliche Gemeinden in umliegenden Dörfern wie Osinowy Mys, um von Gottes Liebe weiterzuerzählen und gemeinsam Lieder vorzusingen, wobei Viktor auf der Ziehharmonika spielt. Tanja trägt mit viel Leidenschaft lange Gedichte auswendig vor und Viktor predigt die Frohe Botschaft. Sie haben inzwischen sogar eine theologische Ausbildung absolviert.

Tanjas eine Hand ist völlig verstümmelt und vom anderen Unterarm ist nur noch etwas von Elle und Speiche übrig, sodass sie in der Öffentlichkeit gewöhnlich eine Handprothese trägt. Dennoch kocht sie inzwischen teilweise selbst und macht Kompott ein. Sie lernt sogar Keyboard zu spielen.

Obwohl sie selbst es früher nicht für möglich gehalten hätte, malt sie heute Bilder mit Bibelversen darauf. Sämtliche Tiere, die sie zeichnet, sehen extrem fröhlich aus – so wie auch Tanja und Viktor heute selbst gerne lachen.

Viktor und Tanja haben viel mit Gott erlebt

---

[27] Siehe Josua 24,15b.

Am Ende doch nicht tot

Später besuche ich Tanja und Viktor erneut im Invalidenheim. Ihr Hund, ein kleiner, dunkler Mops, eigentlich eher ein gewöhnungsbedürftiges Tierchen, hüpft auf meinen Schoß und leckt mir eifrig die Finger ab, während Viktor mir erzählt, wie Gott ihm seine Mutter wiedergeschenkt hat:

Damals, bei seiner Entlassung aus dem Gefängnis, hatte man ihm mitgeteilt, dass seine Mutter und die Großeltern verstorben seien. Er hatte also geglaubt, dass er keine nahen Angehörigen mehr hatte. Eines Tages jedoch, mitten im Getümmel auf dem Markt, kam eine Fremde auf Viktor zu und fragte: »Waren Sie in der Nähe von Tschunojar im Lager?« Viktor konnte noch gar nicht einordnen, wer die Frau war, da fuhr sie schon fort: »Wissen Sie, dass Ihre Mutter Sie schon seit acht Jahren sucht?«

Er stutzte: »Meine Mutter lebt? Was wissen Sie von ihr?« Mit dieser Nachricht hätte er nie gerechnet. Viktor hatte sich schon lange mit dem Tod seiner Mutter abgefunden. Er war perplex. Wer war diese Frau überhaupt? Konnte er ihr glauben?

Es stellte sich heraus, dass die Unbekannte in der Verwaltung seines früheren Straflagers tätig war. Irgendwie war Viktor ihr im Gedächtnis geblieben. Als sie ihn völlig unverhofft in der Menschenmenge ausgemacht hatte, war sie spontan auf ihn zugekommen. Sie bot ihm an: »Wenn Sie möchten, können Sie ans Lager schreiben. Wir werden Ihren Brief an Ihre Mutter übermitteln.«

Viktor wusste nicht, wie ihm geschah. Ein paar Tage später nahm er all seinen Mut zusammen und schrieb seiner

Mutter einen langen Brief. Ihm war, als habe er im Lotto gewonnen! Er wusste nur noch nicht, ob nur einen Rubel oder eine ganze Million. Wie würde seine Mutter auf ihn reagieren? Würde sie sich nach so langer Zeit wirklich freuen über eine Nachricht von ihm?

Als sie seinen Brief erhielt, konnte sie es erst gar nicht glauben: Ihr Viktor lebte tatsächlich noch?! Auch der Mutter hatte man inzwischen mitgeteilt, dass ihr Sohn nicht mehr am Leben sei. Beide erlebten es als ein ganz besonderes Geschenk, als sie sich nach so vielen Jahren wieder in den Armen lagen. Was für eine Freude! Für Viktor war das Wiedersehen mit seiner Mutter ein ganz besonderes Erlebnis mit Gott.

Aus der Luftfahrtgeschichte

Ich sitze in 5 000 Fuß Höhe in der modernen, geräumigen Maschine einer flotten Airline und erfreue mich im Steigflug am sachten Dahingleiten des fliegenden Wohnzimmers. Bei den russischen Fluggesellschaften hat sich nach meiner Erfahrung in den vergangenen Jahren wirklich etwas getan. Nur noch in der Erinnerung erlebe ich so abenteuerliche Flüge wie den vor einigen Jahren mit einer anderen Fluggesellschaft, als ich Missionare im Uralgebirge besuchte …

Damals dröhnte es in den Ohren, als die Turbinen aufheulten. Alles wackelte. Während wir über die Rollbahn rumpelten, sprangen über den Passagieren ein paar der Gepäckfächer auf. Eine gestresste, blondierte Stewardess eilte herbei und schloss sie knallend wieder. Krächzend hob der altersschwache Vogel ab. Im Donnern der Triebwerke fiel der Vorhang von der Gardinenstange im Gang und gab den Blick auf die fast leere Businessklasse frei. Ermutigend. Mit einer skurrilen Mischung aus Skepsis und Tapferkeit dachte ich damals: »Och ja, wir werden unser Ziel schon erreichen.«

Heute geht es ruhiger zu: Unser Flieger durchdringt mühelos den Smog der Stadt Krasnojarsk und geht sanft in die Reiseflughöhe über. Die Metropole, ihre Plattenbauten und rauchenden Schornsteine entschwinden dem Blickfeld. Wieder sehe ich endlos weite Wälder, und ungezähmt schlängeln sich Flüsse durch ihr natürliches Bett. Irgendwo dort unten lasse ich Osinowy Mys hinter mir.

Zwei Stewardessen kommen mit einem Metallwagen durch den Gang. »Kaffee oder Tee?« »Tee, bitte.« »Mit Zi-

trone?« »Ja.« Ich genieße den guten Service. Aus einer sil-
bernen Kanne gießt mir eine von ihnen Schwarztee ein.
Wie viele Tassen Tee habe ich wohl in den vergangenen
Monaten getrunken?

Weiter als die Weiten Sibiriens

Mit jeder Tasse verbindet sich eine eigene Geschichte, eine herzliche Begegnung. Es bedeutet mir unsagbar viel, dass mir all diese Menschen ihr Leben und ihre Häuser geöffnet haben. Ich weiß ihr Vertrauen zu schätzen. Die Geschichten, die sie mir anvertrauten, und all das, was wir zusammen erlebten, sind mir ein kostbarer Schatz. Noch einmal ziehen sie alle vor meinem inneren Auge vorüber. Menschen, die mir ans Herz gewachsen sind.

Ich höre das Lachen der Blumenliebhaberin Katja und das Weinen der vom Leben gezeichneten Tjotja Polja. In Gedanken schmecke ich noch mal Nellys leckeren *Tworok* (Quark) und schmunzle beim Gedanken an den scharfen Senf von Viktor. Die temperamentvolle Art der »Schneiderin« Galina werde ich wohl nie vergessen. Ich spüre nochmals die Geborgenheit in der Küche von Familie Walker und sehe in der Gemeindeküche Tamaras funkelnde Silberzähne und Olgas zahnloses Lachen vor mir. Gerne denke ich an Ninas liebevolle Art und das herzliche Mithineingenommenwerden in Juris nette Familie zurück. Was wird der schelmische Igor wohl wieder aushecken? Was für ein Buch liest die herzensgute, ruhige Vera als Nächstes? Welche Abenteuer werden Pascha und seine Freunde auf ihrem nächsten Angeltrip erleben?

Die Flugbegleiterin holt mich aus meinen Tagträumen zurück in die Realität: »Hühnchen mit Kartoffeln oder Fisch mit Reis?« Ich benötige ein paar Sekunden, um meine Gedanken zu sortieren, dann bestelle ich: »Hühnchen mit Reis, bitte.« Die Stewardess lächelt: »Also Hühnchen mit Kartoffeln, okay?« »Gerne.« Ich bekomme ein leckeres Essen serviert und träume weiter …

Die Mädchen unserer Swetschkigruppe werde ich vermissen. Und die Banja, den Geruch von Holz und Birkenblättern. Begegnungen ziehen an mir vorüber, mit Menschen, die nur vorübergehend im Dorf waren: Pascha vom Zeltlager und Oleg. Das Gefühl, dass ich Jesus in den Invaliden Viktor und Tanja ganz persönlich begegnet bin, wird mich noch lange begleiten. Osinowy Mys und die Menschen dort haben einen festen Platz in meinem Herzen. Es tut gut, dass die Christen im Dorf treu für mich beten – und ich für sie. Gut zu wissen, dass sie sicher in Gottes Hand sind. Während ich hoch über der Taiga sentimentalen Gedanken nachhänge, kommt mir der Abschied vom Vortag nochmals in den Sinn:

Mitten zwischen Kleidung, Büchern, Schreibkram und sibirischen Andenken war ich gerade am Packen, als Katja hereinstürmte. Sie teilte mir mit, dass sämtliche Leute aus der Gemeinde noch zum Teetrinken vorbeikommen wollten. Damit hatte ich nicht gerechnet. Also quetschte ich meine Sachen so schnell ich konnte in den Koffer und verstaute den Rest im Rucksack. Kaum fertig, stand die komplette Mannschaft auch schon auf der Matte. Es war etwas Besonderes, nochmals mit allen zusammen Tee zu trinken. Die ganze Clique brachte mich zur Bushaltestelle. Wie mich die Babuschkas vor meiner Abfahrt drückten und küssten, wird mir im Gedächtnis bleiben. Als der Bus kam, merkte ich, wie deutsch ich mich noch verhielt. Ich stellte mich hinten an der Schlange an. Tamara überraschte mich mal wieder: »Das darf doch wohl nicht wahr sein. Los, Melanie, sieh zu, dass du dich reindrängst, damit du noch einen Sitzplatz ergatterst.« Es war schon zu spät. Ich musste mal wieder stehen, aber das war ich ja gewöhnt.

In Kürze landen wir in Moskau. Die Maschine verliert bereits an Höhe und nähert sich der Wolkendecke. Von dort aus fliege ich weiter nach Deutschland. In Sibirien habe ich stärker denn je gesehen, was Sünde bedeutet, wie lieblos und rau das Leben sein kann. Teilweise war die Macht der Sünde hautnah spürbar, wie eine drückende Last auf den Schultern der Menschen. All das Dunkle, von Alkoholismus über zerrüttete Familienverhältnisse bis hin zu Morden, hat mich tief betroffen gemacht. Noch mehr bewegt mich jedoch, dass Gottes Licht stärker ist. Dass bei ihm Vergebung der schlimmsten Sünden zu finden und jederzeit ein Neuanfang möglich ist. Es fasziniert, wie Gott ein Leben von Grund auf erneuern kann, wie er von Abhängigkeiten befreit, Herzen mit Frieden füllt und Gesichter zum Strahlen bringt.

Ich freue mich, dass ich nach drei Monaten in Deutschland wieder nach Sibirien ausreisen darf, diesmal langfristig. Ab Sommer 2010 werde ich an einen Ort in der Nähe des Baikalsees ziehen, um dort als Mitarbeiterin der *Deutschen Missionsgemeinschaft* gemeinsam mit einem internationalen Team für Gott zu leben. Wir wollen sibirische Christen ermutigen, ausbilden, unterstützen und Notleidenden helfen, damit noch mehr Menschen mit der Liebe Gottes erreicht werden. Ich bin sehr gespannt, welche Abenteuer mit Gott ich in Zukunft in Sibirien erleben werde. Denn eines ist sicher: Das liebende Vaterherz Gottes ist unendlich weit – weiter als die Weiten Sibiriens!

Herr, deine Gnade ist so weit wie der Himmel und deine Treue reicht so weit, wie die Wolken ziehen.

Psalm 36,6

Anhang
Wie geht es nun in Osinowy Mys weiter?

Zu den Gottesdiensten der christlichen Gemeinde kommen inzwischen ungefähr 20 Leute, dazu zehn Kinder. Sie wünschen sich sehr, dass noch viele ihrer Landsleute die Bibel kennen- und lieben lernen und selbst anderen Gottes Wort weitergeben. Daher soll in Osinowy Mys ein Bibelseminar entstehen, in dem Menschen einen tieferen Zugang zur Bibel bekommen. Zudem wollen sie in jedem der 26 Dörfer im Gebiet Bogutschany rund um Osinowy Mys eine christliche Gemeinde gründen.

Die Gemeinde von Osinowy Mys bei einer Taufe
am Fluss Tschuna

Interessante Internetadressen zum Buch

Deutsche Missionsgemeinschaft:
www.DMGint.de

Aktuelles von Melanie Keppler in Sibirien:
www.SEND.org/Keppler

Gemeinde Osinowy Mys:
www.senttosiberia.com

Danke ...

... Katja Fjodorowna, dass ich bei Dir wohnen konnte und für all den Spaß, den wir zusammen hatten.

... Euch Leuten von Osinowy Mys, dass Ihr mir Eure Häuser und Herzen so weit geöffnet habt. Das weiß ich sehr zu schätzen.

... Euch als Gemeinde in Osinowy Mys, für Eure treuen Gebete für dieses Buch und für mich. Ihr seid mir zu Vorbildern im Beten geworden.

... Justus Walker, für alle Gottesdienste und Siedlerabende ;-) und für das Beantworten sämtlicher Fragen in Sachen Familie Walker.

... Rulisons, für Eure wunderbare Freundschaft, die in Osinowy Mys begann.

... Renata, dass Du mir mit Rat und Tat beigestanden hast.

... allen Freunden, für Euer interessiertes Nachfragen und für zahlreiche Ermutigungen und Gebete.

... Uli, für alle bereichernden Gespräche und Gebetsgemeinschaften, für Dein Mitfiebern und Mithoffen. Danke, dass wir miteinander durch dick und dünn gehen können.

... Lotti, dass Du schon seit Jahren meintest, ich würde einmal ein Buch schreiben. Was wäre mein Leben ohne Deinen authentischen Humor :-)

... Annika, für Deinen unvergesslichen Besuch in Sibirien und fürs Korrekturlesen des ersten Manuskriptes. Ich freue mich schon auf unsere nächsten Abenteuer.

... Renate und Kalle, für Euer Anteilnehmen und Euer gewissenhaftes Gegenlesen.

... Hermann Hartfeld, für alle hilfreichen Informationen über das russische Leben, die Kultur und die Sprache.

… Uta Müller und den anderen Mitarbeitern von SCM-Hänssler für all Ihre wertvolle Hilfe und Ihr Vertrauen in unsere Arbeit.

… der Leitung der Deutschen Missionsgemeinschaft, dass Ihr mir ermöglicht habt, nochmals drei Wochen nach Osinowy Mys zu reisen.

… Theo Volland, für Deine Arbeit, Zeit und Nerven, die unser Projekt Dich kostete ;-) Das weiß ich sehr zu schätzen. Gott segne Dich dafür.

… Elke Volland, wie Du bei vielen Tassen Tee lieb für optimale Arbeitsbedingungen in Euerm Wohnzimmer gesorgt hast.

… meinen lieben Eltern, dass Ihr so treu hinter meinem Weg nach Sibirien steht und mich, wo immer Ihr könnt, unterstützt.

… meinem lieben Vater im Himmel, dass ich in Osinowy Mys ganz neu erleben konnte, wie weit Dein Herz ist. Danke, wie Du mich durch all das Gehörte und Erlebte ermutigt hast.